LA PHOTOGRAPHIE

DES COULEURS

F. DROUIN

LA PHOTOGRAPHIE

DES COULEURS

PROCÉDÉS PAR IMPRESSION EN COULEURS FONDAMENTALES

PROJECTIONS EN COULEURS

MÉTHODE INTERFÉRENTIELLE — PROCÉDÉS DIVERS

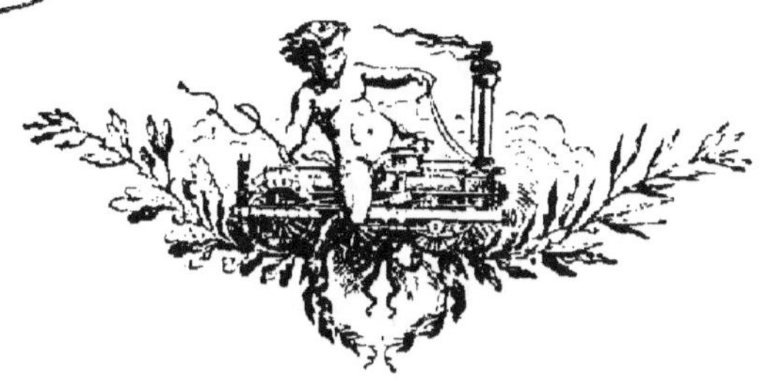

PARIS

CHARLES MENDEL, ÉDITEUR

118 ET 118bis, RUE D'ASSAS

1896

LA PHOTOGRAPHIE

DES COULEURS

Le problème de la photographie des couleurs est un de ceux qui, depuis l'origine de la photographie, ont le plus captivé l'attention des savants et des chercheurs. Il n'est pas un photographe qui, en voyant l'image sur la glace dépolie d'une chambre noire, n'ait regretté de ne pouvoir la fixer ainsi avec ses couleurs réelles, avec sa variété de tons et sa richesse de nuances, que nul pinceau n'a jamais égalée.

Le problème présente d'autant plus d'intérêt que la photographie ordinaire, non seulement ne rend pas les couleurs elles-mêmes, mais encore ne donne pas des tons noirs dont l'intensité soit en proportion avec l'action des diverses couleurs sur l'œil. Ainsi, le bleu, qui est une couleur foncée pour l'œil, est une couleur claire sur l'épreuve photographique ; le rouge, qui est, au contraire, une couleur claire pour l'œil, vient presque noir dans la photographie. L'addition de certaines substances colorantes aux émulsions sensibles, a permis d'atténuer ce défaut dans une certaine mesure, d'*orthochromatiser* les plaques, mais, malgré tout, on n'est pas encore parvenu à préparer des plaques présentant pour les diverses couleurs une sensibilité qui soit exactement du même ordre que celle de l'œil.

A défaut d'un procédé purement photographique pour obtenir l'image colorée, on a essayé d'obtenir des épreuves en couleurs, par l'application, à la main, de couleurs ordinaires sur l'épreuve noire, cette dernière étant simplement destinée à indiquer les contours ou à fournir les demi-teintes. Ces divers procédés photo-miniature, photo-peinture, photo-aquarelle, etc., ont tous l'inconvénient de mettre la coloration de l'épreuve à la merci du sentiment personnel de l'artiste : l'image ainsi traitée n'a plus le cachet de rigoureuse exactitude qui caractérise une œuvre photographique : c'est un tableau où les teintes sont plus ou moins inexactes, et où les contours eux-mêmes sont le plus souvent faussés [1]. A ce dernier point de vue de l'exactitude géométrique, l'épreuve photographique coloriée est néanmoins très supérieure à tout autre mode de reproduction en couleurs ; cette qualité lui a, à juste titre, assuré un certain succès. Nous serions mal fondés, d'ailleurs, à insister sur l'imperfection de ces procédés, puisque jusqu'ici aucune méthode de photographie en couleurs n'est venue les remplacer d'une façon plus pratique et plus industrielle.

Ces procédés indirects n'entrent pas dans notre cadre, et nous nous contenterons de les mentionner. Ils sont de deux sortes : dans les uns. le modelé est obtenu par l'image photographique noire, et la couleur n'est appliquée qu'en teintes plates ; dans les autres, la couleur est appliquée en teintes fondues, ou incorporée dans la matière sensible, le modelé étant, dans ce dernier cas obtenu par l'action de la lumière.

*
* *

Nous ne nous occuperons donc que des procédés directs, c'est-à-dire dans lesquels la nature

---

[1] C'est un fait dont on se rend compte, surtout lorsqu'on regarde des stéréogrammes coloriés : dans beaucoup de parties, l'inexactitude des contours fausse complètement le relief

de la teinte et son intensité en chaque point de l'image sont déterminées par la lumière elle-même.

Le procédé qui semble devoir donner la solution définitive de la question, est la méthode interférentielle de M. Lippmann. C'est donc ce procédé que nous nous attacherons particulièrement à décrire, bien qu'il ne soit encore applicable qu'à des cas particuliers.

Nous exposerons également les principaux autres procédés, au moyen desquels on a réussi à obtenir des images en couleurs, avant la méthode interférentielle.

PROCÉDÉS

IMPRESSION EN COULEURS

FONDAMENTALES

—

OBTENTION DES CLICHÉS

Si l'on considère une image multicolore quelconque, on peut exprimer la couleur en chacun des points, par la somme de trois couleurs élémentaires d'intensités convenablement choisies ; autrement dit, en superposant trois pellicules transparentes dont chacune aurait l'une de ces couleurs élémentaires, on arriverait à reproduire la teinte au point considéré.

Ainsi, si l'on arrive à déterminer, pour chacun des points de l'image, l'intensité de chacune de ces couleurs élémentaires on pourra, par la superposition des trois images monochromes ainsi obtenues, reconstituer l'image polychrome primitive.

Ces trois couleurs élémentaires sont, par exemple, le *rouge*, le *jaune* et le *bleu*. Par des mélanges convenables de ces trois couleurs, on arrive à reproduire toutes les teintes possibles.

Le rôle de la photographie, dans le procédé

que nous allons exposer, consiste précisément à déterminer successivement la quantité de chacune des couleurs contenue en chaque point de l'image, et à reconstituer trois images monochromes dont la superposition reproduira l'original.

Le procédé de photographie en couleurs par impressions successives a été découvert indépendamment, presque à la même époque, par MM. Ch. Cros et L. Ducos du Hauron.

M. Ch. Cros a énoncé le premier le principe de la méthode (1867) : M. Ducos du Hauron a, par contre, obtenu le premier des chromophotographies et fourni les premiers éléments pour la pratique du procédé.

Clerk Maxwell avait, plusieurs années auparavant, exposé une théorie des couleurs composées, qui peut être considérée comme la base de cette méthode [1].

Collen avait, en 1865, fait faire un pas de plus à la question, en décrivant d'une façon succincte

---

[1] *On the theory of Compound Colors,* by Prof. CLERK MAXWELL.

Proceedings of the Royal Society of London, t. X (1859-1860), p. 404-484.

un procédé de photographie en couleurs, basé sur cette théorie ; mais il n'avait pas trouvé le moyen de mettre en pratique cette idée, qui peut cependant être considérée comme le premier énoncé de ce problème [1].

Vers la même époque, le baron Ransonnet commençait des expériences dans le même sens, en employant un écran coloré devant l'objectif ; mais il ne put arriver à obtenir trace d'image avec les rayons jaune-orangés.

Le 26 juin 1876, M. Ch. Cros, en adressant à l'Académie des Sciences deux épreuves de photographie en couleurs, a demandé l'ouverture d'un pli cacheté déposé par lui le 2 décembre 1867.

Ce pli, ouvert en séance, contenait une note intitulée : *Procédé d'enregistrement et de reproduction des couleurs, des formes et des mouvements*.

Le passage suivant en est un extrait [2] :

« En premier lieu, trois épreuves photographiques sont prises successivement d'après un même tableau. Pour la première de ces épreuves,

---

[1] *British Journal of Photography*, 27 octobre 1865, p. 547.

[2] *Comptes Rendus de l'Académie des Sciences*, 1876, 1er semestre, tome LXXXII.

on interpose entre le tableau et l'objectif de l'appareil photographique ordinaire, un verre rouge, pour la seconde un verre jaune, pour la troisième un verre bleu. Les rayons de lumière rouge contenus dans le tableau passeront en maximum à travers le verre rouge, et il en sera de même pour les deux autres sortes de rayons et les deux autres verres.

« Si maintenant, après avoir obtenu le positif des trois épreuves, on superpose les projections de ces positifs traversés respectivement par un rayon rouge, jaune et bleu, sur un écran, la projection composée représentera le tableau donné avec ses teintes réelles.

« La superposition des projections des trois positifs, respectivement traversés par des rayons rouges, jaunes et bleus, paraîtrait présenter quelques difficultés. Mais ces difficultés disparaissent si l'on substitue à une superposition réelle une succession rapide des trois projections diversement colorées à la même place.

« La superposition des trois épreuves positives sur une surface blanche, en ayant soin de constituer chacune des épreuves dans la couleur complémentaire de celle qui a servi à l'obtenir, donnera la reproduction définitivement fixée de toutes les teintes du tableau à reproduire, avec une exactitude que limitent seules la pureté et la transparence des couleurs employées. »

Peu de temps après (juillet 1876), M. Edm. Becquerel critiquait cette méthode dans les termes suivants :

« Les clichés négatifs qui sont obtenus par l'interposition des verres diversement colorés entre l'objet dont on veut reproduire l'image, et l'appareil photographique, ne conservent aucune trace des couleurs des rayons actifs ; ils ne donnent qu'une transparence plus ou moins grande d'une même couche de collodion renfermant plus ou moins d'argent réduit ; les images positives, teintées au gré des opérateurs, ne sauraient donc reproduire, par ce moyen, les couleurs naturelles de l'objet, mais donnent des nuances de fantaisie. Les conclusions de l'auteur, en ce qui concerne la reproduction des couleurs naturelles par cette méthode photographique, sont donc inexactes. »

Ce jugement, bien que reposant sur une idée juste, était quelque peu sévère. Il est bien évident que la reconstitution de l'image colorée en partant de trois couleurs fondamentales, que l'on ne pouvait choisir que par comparaison avec les teintes primitives laissait une certaine part au jugement de l'opérateur, mais il n'en pouvait résulter qu'une erreur de teinte, et, en tout cas, le principe de la méthode n'en était pas moins exact; il est bien évident, en effet, que les trois clichés types ne portaient pas trace de coloration, mais bien, suivant l'expression même de M. Cros, « une image plus ou moins transparente, formée d'argent réduit ». Les transparences variant à chaque cliché déterminent les quantités respectives des couleurs types que contient chaque point du tableau.

« Les tirages positifs réalisés dans les trois couleurs types, déterminées comme il est dit plus haut, ne sont donc pas faits au gré des opérateurs, et ne peuvent donner des teintes de fantaisie. On ne saurait concevoir rien de plus *naturel* que ces teintes analytiquement fixées par le regard humain et recombinées par lui. L'œil est le seul instrument connu des physiciens pour apprécier les couleurs. »

**
* **

Avant de décrire sommairement la pratique du procédé, nous entrerons dans quelques détails sur les principes qui régissent le choix des teintes

employées pour les verres qui servent à l'obten-
sion des négatifs, et des couleurs pigmentaires
employées pour le tirage des épreuves monochromes.

Supposons que nous ayons obtenu un premier
cliché d'un objet coloré, à l'aide d'un appareil
dans lequel nous avons interposé un verre *vert*,
c'est-à-dire ne laissant passer que les radiations
vertes. Tous les points de l'image qui renferment
du vert impressionneront la glace sensible ; les
points qui ne contiennent que de l'orangé ou du
violet ne donneront aucune impression. Si l'on
tire une épreuve ordinaire de ce négatif (dans
lequel les parties *vertes* correspondent aux parties
opaques de la couche sensible) les noirs de cette
épreuve correspondront aux parties de l'objet,
qui contiennent de l'orangé et du violet. Or, le
mélange de l'orangé et du violet constitue le
rouge, couleur complémentaire du vert.

Le cliché obtenu avec interposition du verre
vert devra donc servir à tirer l'épreuve *rouge*.

De même, le cliché obtenu avec l'écran *orangé*
servira à tirer l'épreuve *bleue*, et le cliché obtenu
avec l'écran *violet* servira pour obtenir l'épreuve
jaune.

Dans cet ordre d'idées, M. Cros considère

comme lumières élémentaires : le vert, le violet et l'orangé, et comme pigments élémentaires : le rouge, le jaune et le bleu, ces derniers étant des lumières combinées deux à deux. Un pigment ou une couleur matérielle est, en effet, une matière qui a la propriété d'absorber certaines radiations : les autres radiations, complémentaires des premières, sont précisément celles de la couleur en question.

Ainsi, un corps est rouge, lorsqu'il absorbe les radiations vertes ; il ne reste alors que le violet et l'orangé dont la somme est du rouge. De même, la couleur jaune est celle qui absorbe la lumière violette, et la couleur bleue celle qui absorbe la lumière orangée.

Le tableau ci-dessous résume le mode de formation des couleurs provenant de pigments (la lumière absorbée est encadrée d'un trait).

Rouge......	Orangé. [Vert.] Violet.
Jaune......	Orangé. Vert. [Violet.]
Bleu......	[Orangé.] Vert. Violet.

Il est facile de se rendre compte, à l'aide de ce tableau, de la façon dont se comportent les mélanges de pigments. Dans un mélange de jaune et de bleu, par exemple, l'orangé et le violet seront absorbés, et le *vert* seul sera réfléchi. Dans un mélange de rouge et de bleu, l'orangé et le vert seront absorbés, et il ne restera que le *violet*. Dans un mélange de jaune et de rouge, le vert et le violet seront absorbés, et l'*orangé* seul sera réfléchi.

Il ne faut pas confondre le mélange de *couleurs* avec le mélange de pigments. La lumière jaune et la lumière bleue, parvenant ensemble à l'œil, ne donnent nullement l'impression du vert, mais bien du blanc. Helmholtz avait déjà constaté ce fait, et Cros en a donné une démonstration élégante à l'aide de son chromomètre [1] qui permet de superposer les rayons émanant de trois ouvertures éclairées. Appelons ABC ces trois ouvertures. Si l'on place :

Devant A, deux cuves contenant un liquide rouge :
—   B,   —   jaune :
—   C,   —   bleu :

[1] Voir, au chapitre suivant, la description de cet appareil.

On constate d'abord que ces trois lumières, en se combinant, donnent du blanc.

Si l'on masque l'ouverture A, les lumières bleue et jaune seules se combinent; on a alors l'impression d'un blanc moins éclairé.

Si l'on masque B, les deux lumières rouge et bleue donnent encore du blanc faiblement violacé.

Si l'on masque C, on obtient toujours du blanc, teinté d'orangé.

Si maintenant on combine les cuves deux à deux, de façon à placer :

Devant A, une cuve jaune et une cuve bleue;
   —   B,   —   bleue   —   rouge;
   —   C,   —   rouge   —   jaune;

Ces écrans doubles ne laissent passer respectivement que du vert, du violet et de l'orangé. Le mélange de ces trois radiations donne encore du blanc.

Mais, si l'on masque successivement A, B, C, les apparences obtenues sont les suivantes :

En supprimant le *vert*,   on obtient du *rouge carmin* pur.
   —   *violet*.   —   du *jaune* pur.
             l'orangé.   —   du *bleu* pur.

Un coup d'œil jeté sur le tableau précédent (page 14) explique immédiatement ces apparences.

On peut encore répéter ces expériences à l'aide de trois lanternes à projection contenant des verres de couleurs, et que l'on dirige sur le même écran.

Le capitaine Abney les a répétées avec une seule lanterne, devant le condensateur de laquelle il place un verre dépoli, dont l'image se projette sur l'écran. Les trois verres de couleurs sont placés sur l'objectif. Il suffit de varier la surface de chacun des verres pour varier l'intensité des diverses couleurs.

*
* *

Le choix de la teinte des écrans interposés dans l'appareil photographique, pour l'obtention des trois négatifs, est d'une importance capitale. Il est difficile d'obtenir des verres colorés dans la masse, qui correspondent bien exactement aux couleurs désirées, et plus difficile encore d'en varier la coloration jusqu'à obtenir la nuance voulue.

M. Ducos du Hauron les prépare en vernissant, à l'aide de vernis colorés, des glaces transparentes à faces parallèles. Ces écrans colorés se placent, ou dans le châssis, ou dans l'objectif. Dans le premier cas, afin d'éviter toute erreur dans la mise au point, il faut intercaler également ment une glace de même épaisseur, devant le verre dépoli de la chambre noire.

Le mode de préparation est le suivant : On prend deux glaces à faces parallèles, de même dimension ; on étend, sur l'une des deux faces de l'une d'elles (s'il ne faut qu'une seule couche), ou sur une face de chacune d'elles (s'il faut deux couches), le vernis coloré. Lorsque l'écran est destiné à être placé devant l'objectif, on coupe les deux glaces de façon à en former deux disques, que l'on réunit ensemble par du baume de Canada, en ayant soin de tourner vers l'intérieur les couches de vernis. Le vernis (dilué avec de l'alcool, s'il n'est pas assez fluide) s'étend à la façon du collodion ; on égoutte et on sèche aussitôt à une chaleur douce. Si on laissait sécher naturellement, la couche prendrait un aspect dépoli.

On facilite l'étendage du vernis en recouvrant la glace, au préalable, d'une couche de collodion normal.

Voici la composition des vernis colorés :

L'écran orangé est obtenu en superposant une glace rouge et une glace jaune.

Vernis rouge :

Alcool........................ 100
Benjoin........................ 20 à 25
Essence de lavande........ 8 à 10
Fuchsine .... *quantité nécessaire.*

Vernis jaune :

Même composition, en remplaçant la fuchsine par la corraline jaune.

L'écran vert est obtenu par la superposition d'une glace rouge et d'une glace bleue.

Vernis jaune :

Même composition que ci-dessus.

Vernis bleu :

Même composition que le vernis rouge ci-dessus, en remplaçant la fuchsine par le bleu-lumière.

L'écran violet est formé d'une glace rouge et d'une glace bleue superposées (mêmes vernis que ci-dessus).

On détermine la quantité de matière colorante à mettre dans chaque vernis, par un essai préalable.

Pour essayer l'écran orangé, par exemple,

(c'est celui dont la teinte a la plus grande importance), on regardera à travers cet écran une surface bleue. Elle devra paraître noire ou gris foncé et, en tout cas, ne pas présenter de coloration verte ou violette. Si elle paraissait verte, c'est que le rouge ne serait pas assez foncé ; si elle semblait violette, c'est que le jaune, au contraire, ne serait pas suffisamment intense.

L'écran vert s'essaie de la même façon en regardant un objet rouge.

Quant à l'écran violet, il faut qu'il absorbe les rayons jaunes ; les objets verts, vus à travers cet écran, ne doivent pas conserver leur apparence verte.

M. Hruza emploie comme écrans les dissolutions suivantes, placées dans des cuves à faces parallèles.

Écran orangé :

Rouge de cochenille et jaune d'aniline à 1 0,0.

Écran vert :

Vert malachite à 1 200.

Écran violet :

Violet d'éthyle à 1 200.

M. Corwain Gitchell a imaginé la méthode suivante pour fabriquer des écrans colorés, en collodion. On prend un anneau d'acier de 1/2 millimètre, poli, et on le dépose sur un bain de mercure propre. On verse ensuite sur le mercure, à l'intérieur de l'anneau, le collodion coloré, en quantité suffisante pour qu'il déborde à l'extérieur de l'anneau. On laisse sécher après avoir recouvert la cuvette d'un carton pour protéger de la poussière. On peut alors enlever l'anneau, et il ne reste qu'à gratter le collodion à l'extérieur de l'acier.

Les temps de pose qui correspondent à chacun des trois écrans sont à peu près les suivants:

Orangé	80
Vert	15
Violet	5
Total	100

Ils varient, naturellement, suivant les combinaisons employées.

Le temps de pose *total* est environ 100 fois celui qui serait nécessaire pour obtenir un bon cliché ordinaire dans les mêmes conditions.

M. Ducos du Hauron, au moment où il opérait avec le collodion humide, avait déjà reconnu la nécessité d'orthochromatiser les plaques, et indiqué diverses formules de collodion sensible au rouge.

Le gélatino-bromure a amené une réduction considérable des temps de pose, et a même permis d'aborder le portrait avec des durées totales de pose qui n'excèdent pas quelques minutes.

Mais le gélatino-bromure même n'eût pas été d'une rapidité suffisante pour permettre d'employer couramment le procédé, sans l'emploi des émulsions orthochromatiques qui ont permis de raccourcir considérablement le temps de pose pour le rouge et le vert[1].

M. R.-D. Gray supprime tout écran pour l'obtention du cliché violet : il le prend à la façon habituelle et sur une plaque ordinaire. Il prend le cliché avec l'écran rouge, en employant une plaque sensible au rouge, et un diaphragme $f/8$. La durée de la pose est de trois minutes environ.

M. Hruza emploie une plaque au collodion humide avec l'écran violet, et des plaques orthochromatiques avec l'écran rouge et l'écran vert.

---

[1] V. Léon Vidal, *Manuel pratique d'Orthochromatisme*. In-18, Paris, 1891.

Nous ne nous étendrons pas sur la préparation des plaques orthochromatiques : on trouve
maintenant dans le commerce, toutes préparées,
des plaques sensibles au rouge et au jaune, de
même que des plaques sensibles au jaune et au
vert (Lumière).

PROCÉDÉS

PAR

IMPRESSION EN COULEURS

FONDAMENTALES

—

OBTENTION DES ÉPREUVES

Les trois clichés types étant obtenus, il s'agit de tirer une épreuve sur chacun de ces clichés, et de superposer exactement ces trois épreuves monochromes, pour reconstituer les couleurs composées.

Les deux dernières épreuves au moins devront être transparentes, pour laisser passer les rayons émanant de la première épreuve.

Le tableau ci-dessous résume les conditions des trois clichés et des trois épreuves :

COULEUR DE L'ÉCRAN pour OBTENTION DU NÉGATIF	PLAQUE EMPLOYÉE pour LE NÉGATIF	COULEUR du POSITIF
Orangé............	Sensible au rouge et au jaune.	Bleu.
Vert.............	— vert.	Rouge.
Violet	Plaque ordinaire.	Jaune.

Plusieurs procédés ont été employés pour

obtenir les positifs colorés. Le procédé *au char-bon* (ou, plus exactement, aux sels de chrome) est un de ceux qui conviennent le mieux : on trouve dans le commerce ce papier tout préparé, dans un grand nombre de nuances, et sa manipulation est relativement simple [1].

Le procédé à l'*albumine* bichromatée a donné également d'excellents résultats.

La phototypie, ou *photocollographie*, a permis d'aborder industriellement le procédé [2].

Les divers procédés d'impression par moulage (woodburytypie, etc.) sont également susceptibles d'être appliqués.

Enfin, la photogravure fournit encore un moyen rapide et économique de tirer les épreuves en trois couleurs.

Dans le cas du procédé au charbon, l'un des papiers est préparé au carmin, l'autre au jaune de chrome, le troisième au bleu de Prusse [3]. On

---

[1] V. C.-X. Aubert, *Traité élémentaire et pratique de la Photographie au charbon*. Paris, 1882.

[2] J. Voirin, *Manuel pratique de Phototypie*. Paris, 1892.

[3] L. Ducos du Hauron, *Les Couleurs en photographie : Solution du problème*. In 8°, 1869 (Marion). — *Les Couleurs en photographie et, en particulier, l'Héliochromie au charbon*. In-8°, janvier 1870 (Marion). — *L'Héliochromie, découvertes, constatations et améliorations importantes*. In-8, 1874. — *L'Hélio-*

a soin, d'ailleurs, de repérer exactement les images, pour assurer la superposition exacte. Le support définitif de l'épreuve est un papier blanc gélatiné.

M. L. Vidal, en présentant à l'Académie des Sciences (4 août 1873) un procédé analogue, a donné les détails suivants sur la manière d'obtenir et de superposer les épreuves colorées.

Les clichés sont obtenus soit comme précédemment, soit en réservant au pinceau [1], sur trois clichés, les parties qui doivent contribuer, par une transparence plus ou moins grande, à la formation du monochrome.

Chaque positif monochrome (au charbon) est obtenu sur un support provisoire formé d'une feuille de papier végétal, plongé dans une solu-

chromie, nouvelles recherches sur les négatifs héliochromiques, la rapidité trouvée, le paysage et le portrait d'après nature. Société d'Agriculture, Sciences et Arts d'Agen, 6 septembre 1875. — A. et L. Ducos du Hauron, Traité pratique de la Photographie des couleurs. In-8°. 1878 Gauthier-Villars.

[1] Dans ce cas, la photographie ne contribue nullement à déterminer les proportions de chacune des couleurs types, contenues dans un point du tableau : elle ne sert, en quelque sorte, qu'à limiter les contours des parties colorées, et à reconstituer les images monochromes. Il est évident que cette méthode laisse une marge très grande au sentiment personnel de l'artiste.

tion de gomme-laque blanche en poudre dans de l'alcool à saturation, à la température ordinaire.

« L'image y adhère parfaitement. Aucune bulle ne se produit, ce papier transparent permettant de voir l'air qui existerait, avant le développement, entre sa surface intérieure et celle de la mixtion ; puis, comme il présente une texture très serrée et que l'enduit de gomme-laque ferme les moindres pores, son imperméabilité est complète.

« L'image développée est alunée, lavée, puis couverte à sa surface d'une légère couche de gélatine, et abandonnée à la dessiccation.

« On remarquera que l'imperméabilité de ce papier rend impossible toute extension ou constriction, de telle sorte que tous les monochromes sont parfaitement identiques entre eux, ceux provenant, bien entendu, de clichés identiques.

« Quand on a imprimé une ou plusieurs séries polychromiques, il s'agit de monter ces monochromes, de former, en un mot, les images polychromiques. Pour cela faire, on prend le monochrome qui doit être le premier posé sur le support définitif, papier-carton, ivoire, métal, etc.; on met le monochrome et le support dans de l'eau pure et bien filtrée, et on les sort juxtaposés, dès que les surfaces extensibles sont bien planes ; on les amène à coïncider exactement ; puis, on enlève, par une pression légère, entre du buvard, l'excès d'humidité, et on laisse sécher à l'air libre.

« Quand tout est sec, on immerge dans de l'acool ordinaire, et, après quelques moments, l'alcool a ramolli la gomme-laque du support provisoire, lequel se détache aisément, laissant le monochrome sur le support définitif. On peut mener de front un nombre illimité de monochromes, et en immerger une masse dans l'alcool.

« Dès que le premier monochrome est fixé, on passe au deuxième, puis au troisième monochrome, et l'on obtient le résultat final, s'il ne faut que trois couleurs combinées. On agit de même jusqu'à la fin, s'il en faut un plus grand nombre.

« Le support provisoire étant transparent, on voit facilement, même sur un corps opaque, si les divers points des monochromes qui doivent se juxtaposer coïncident bien ensemble. »

*
* *

MM. Ch. Cros et J. Carpentier ont présenté à l'Académie des Sciences, en 1881, deux épreuves photographiques d'une aquarelle, obtenues par superposition de trois épreuves. Les trois clichés avaient été obtenus à l'aide d'écrans liquides (orangé, vert, violet), et les épreuves étaient formées de couches d'*albumine bichromatée* dans lesquelles on avait incorporé des matières colorantes (rouge, jaune, bleu)[1].

Voici, du reste, quelques détails sur le procédé opératoire employé pour l'obtention de ces positifs. Le support est une glace sur laquelle on tire successivement les trois épreuves. La glace est d'abord recouverte d'un collodion contenant 2 ou 3 0/0 de bromure de cadmium. On l'immerge dans un bain d'albumine, contenant dix ou douze blancs d'œufs par litre d'eau. Sous l'action de l'alcool et du bromure de cadmium, l'albumine se coagule dans la couche de collodion. On traite alors par le bichromate d'ammoniaque ; puis, on sèche à l'étuve. Sur la plaque ainsi sensibilisée, on applique un *positif* transparent. On expose à la lumière, on lave, et on plonge dans un bain colorant. Les parties insolées ont perdu la faculté d'absorber la matière colorante, alors que les

[1] V. Ch. Cros, *Solution générale du problème de la Photographie en couleurs*. In-8°, 1869 Gauthier-Villars.

autres parties peuvent, au contraire, se laisser imprégner. On peut obtenir ainsi des épreuves d'une couleur quelconque. On répète trois fois le tirage sur une même glace pour obtenir l'épreuve finale.

*
* *

La phototypie a, comme nous le disions, permis à ce procédé d'entrer dans la phase industrielle, et un certain nombre de publications ont donné, par ce procédé, des spécimens de photographie en couleurs obtenus par trois tirages aux encres grasses.

Il paraît, de prime abord, difficile d'arriver à reproduire toutes les nuances avec trois couleurs seulement, alors que les lithographes sont obligés quelquefois d'en employer jusqu'à dix-huit.

Mais on peut se rendre compte de la grande variété de nuances que donnent trois couleurs combinées, en imprimant la même planche, successivement avec les trois encres sur le même papier, et en la tournant dans une position différente pour chaque couleur [1].

---

[1] Cette expérience est due à M. M. Fleming.

La difficulté consiste — comme dans les procédés qui précèdent, du reste — à trouver des encres dont les couleurs soient suffisamment pures et correspondent suffisamment bien avec les écrans qui ont servi à obtenir les clichés. En fait on n'est pas encore arrivé à reproduire, d'une façon sûre et précise, les couleurs d'un sujet donné. Néanmoins, le résultat obtenu se rapproche, en général, suffisamment du modèle, pour ne pas choquer l'œil. Il y a tant de facteurs qui influent sur l'épreuve finale (couleur des écrans, densité de cette couleur, temps de pose, développement, nature des encres, etc...) et ces facteurs sont si difficiles à mesurer exactement qu'il ne faut pas s'étonner si, en fin de compte, le résultat est un peu faussé. Les blancs et les couleurs vives du spectre sont ordinairement reproduits avec fidélité, mais les couleurs mixtes ne le sont, en général, qu'approximativement.

Les clichés destinés à la phototypie doivent être retournés. Il est préférable de les obtenir à l'aide d'un prisme ou d'un miroir monté devant l'objectif que d'employer les procédés pelliculaires, car il peut arriver que le retrait des trois pellicules ne soit pas le même, et que les trois tirages ne superposent plus exactement.

Les premiers essais de phototypie en couleurs ont été faits, en 1870, par Hermann Krone et Joseph Albert, de Munich, puis par Lemercier, de Paris, et Albert Frisch, de Berlin. Mais ce n'est guère qu'en 1877 que M. Albert réussit à produire couramment des chromocollotypes. Son fils, le Dr E. Albert, perfectionna considérablement le procédé.

* * *

Les couleurs pigmentaires, telles que celles qu'on emploie pour l'impression, ne réfléchissent pas des rayons simples, mais des mélanges de rayons diversement colorés. Si l'on regarde au spectroscope un pigment brillamment éclairé, on s'aperçoit qu'une partie du spectre est brillante, et que le reste est caractérisé par des bandes d'absorption plus ou moins obscures. Hübl divise les couleurs en deux groupes, suivant la largeur de ces bandes d'absorption : les couleurs minérales, qui présentent de larges bandes, et les couleurs animales ou végétales, dont les bandes sont plus étroites. Les premières sont stables, résistent à la lumière ; les secondes sont relativement instables. Si l'on emploie des couleurs ayant des bandes étroites, il en faut un plus grand nombre. Si, au contraire, les bandes sont larges, on pourra arriver avec trois couleurs seulement. On conçoit qu'il y a intérêt à en réduire le nombre au minimum, car, si l'on a superposé un grand nombre de couches colorées, les couches inférieures se voient de moins en moins, par suite du défaut de transparence des couches supérieures.

Le choix des encres d'impression doit être guidé par les considérations suivantes [1] :

1° Lorsqu'elles sont imprimées l'une sur l'autre, elles doivent donner du noir (ou du gris dans les demi-teintes);

2° Leurs bandes d'absorption doivent avoir à peu près la même largeur;

3° Elles doivent être transparentes, stables à la lumière, et se prêter à l'impression.

Presque toutes les encres d'imprimerie, jaunes, rouges et bleues, donnent du noir lorsqu'on les superpose. Les gris sont plus difficiles à obtenir.

La figure 1 ci-contre montre la répartition idéale des bandes d'absorption des trois pigments, dans le spectre.

---

[1] Les pigments employés par Ducos du Hauron (pour les tirages aux sels de chrome étaient le carmin, le bleu de Prusse et l'orpiment.

D'après Hübl, le cliché pris sans écran, sur plaque ordinaire à l'iodure ou au bromure d'argent, pour l'impression en jaune, satisfait à peu près aux conditions théoriques. Il en est de même de l'encre d'impression (jaune de chrome ou laque jaune).

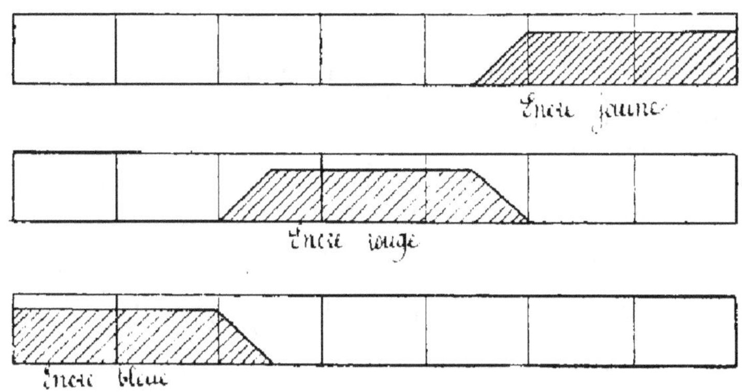

Fig. 1.

Il n'en est pas de même pour le négatif qui sert à imprimer l'épreuve rouge. On manque d'une substance pour rendre sensibles les plaques dans la région du vert bleu, et les laques carminées qu'on emploie à l'impression ne sont pas non plus exactement ce qu'il faudrait.

Hübl emploie une plaque au bromure d'argent, sensibilisée avec de l'éosine faiblement jaunâtre ; la couleur est une laque d'éosine ou de garance.

Le négatif qui doit donner l'épreuve bleue, répond bien aux considérations théoriques. Il en est de même de l'encre, si l'on emploie le bleu milori [1] ou la laque bleue. La plaque est sensibilisée avec de la cyanine ou de la chlorophylle.

Weissenberger emploie comme couleurs : le jaune de cadmium, le bleu de Prusse et la laque de garance.

On imprime d'abord le jaune, puis le rouge, et finalement le bleu.

M. L. Vidal indique comme couleurs : le jaune de chrome, le carmin et le bleu d'outremer.

La phototypie présente un inconvénient qui en rend l'application difficile à la reproduction des épreuves en trois couleurs : quand on regarde une série d'épreuves tirées sur la même planche, on trouve de grandes différences entre ces diverses épreuves. Or, dans la superposition des trois monochromes, la valeur exacte de la teinte en chaque point dépend des intensités relatives des trois couleurs élémentaires en ce point. Une variation dans l'une des couleurs a donc pour

[1] Le bleu milori s'obtient en traitant par un mélange d'acide sulfurique et de chromate de potasse le précipité blanc obtenu lorsqu'on verse du sulfate ferreux dans du ferricyanure de potassium.

effet de fausser la teinte. Pour une raison analogue, on comprend que les épreuves obtenues avec une presse à main soient moins uniformes que celles des presses mécaniques.

Les procédés par moulage (woodburytypie) sont susceptibles d'une plus grande exactitude. Cette méthode, suggérée par Ives, est limitée, dans ses applications industrielles, par des considérations de prix de revient.

Trois photogravures, imprimées consécutivement, peuvent également fournir l'image en couleurs ; toutefois, les photogravures ordinaires, sur plaque grainée ou quadrillée, ne donnent que de médiocres résultats. Il est préférable d'employer pour chaque couleur une photogravure formée d'une simple rayure à lignes parallèles. Ce procédé est dû à Vogel et Kurz. Ives avait, en 1881, employé un procédé analogue pour des chromolithographies.

MM. Hare and C⁰ ont imprimé des images en couleur par un procédé mixte, comprenant quatre tirages lithographiques et un tirage en photogravure.

MM. Boussod-Valadon impriment des photogravures en couleurs ; mais la photographie n'intervient dans le procédé que pour donner les contours : la répartition des couleurs est faite uniquement par la main de l'artiste.

***

Quel que soit le procédé employé pour la reconstitution du positif à l'aide de trois couleurs pigmentaires, le résultat obtenu n'est qu'approximatif, même si l'on suppose les trois clichés avec leurs valeurs bien exactes.

Cela tient à diverses raisons, dont les deux principales sont le défaut de pureté des pigments, et la difficulté de trouver des sensibilisateurs convenables pour le vert-bleu.

Divers opérateurs ont proposé de parer à ces inconvénients, soit par des retouches (en particulier sur le cliché destiné à l'épreuve rouge), soit par l'emploi d'un nombre de couleurs élémentaires, supérieur à trois.

Hösch, de Munich, emploie cinq tirages : rouge, jaune, bleu, gris clair et gris foncé; ces deux derniers tirages sont destinés à donner la valeur aux demi-teintes et aux ombres.

M. L. Vidal imprime les trois couleurs en teintes plates, et un fond en grisaille donne le modelé.

PROJECTIONS EN COULEURS

—

CHROMOSCOPES

La superposition sur papier de trois pellicules
monochromes transparentes n'est pas le seul
moyen dont on dispose pour réaliser la synthèse
de l'épreuve en couleurs. On peut encore tirer
trois positifs transparents ordinaires (en noir),
éclairer chacun de ces positifs par la couleur
qui lui est propre, et superposer, au moyen d'un
appareil approprié, les trois impressions lumineuses.

M. Ch. Cros a présenté à l'Académie des
Sciences, dans sa séance du 23 décembre 1878,
une note ayant pour titre : *Sur la classification
des couleurs, et sur les moyens de reproduire les
apparences colorées par trois clichés photographiques spéciaux*[1], et dans laquelle il a décrit,
sous le nom de *chromomètre*, un appareil per-

----

[1] *Comptes Rendus de l'Académie des Sciences*, t. LXXXVIII.
(1879), p. 119.

mettant la superposition de trois monochromes obtenus par l'intervention d'écrans colorés.

Cet appareil est formé d'une caisse, noircie à l'intérieur, dans laquelle sont disposées parallèlement entre elles trois glaces sans tain formant des angles de 45° avec la paroi. Trois ouvertures, dont les images virtuelles dans les trois glaces viennent se superposer en apparence, sont munies d'écrans colorés liquides.

Si l'on tire trois positifs de trois clichés d'un objet coloré quelconque, obtenus le premier avec un écran vert, le second avec un écran violet, le troisième avec un écran orangé, et que l'on place ces trois positifs noirs devant les ouvertures du chromomètre, avec l'écran de même couleur que celui qui a servi à obtenir le cliché correspondant, l'apparence résultante est celle de l'objet primitif, si l'éclairage est convenablement réglé.

Il est facile de se rendre compte que, dans ce cas, c'est, en effet, la *même* couleur que celle de l'écran (et non la couleur complémentaire) qui doit éclairer le positif.

Prenons, comme précédemment, l'exemple du cliché obtenu avec l'écran *vert*. Les parties opaques de ce cliché correspondent, comme nous le savons, aux parties du modèle qui contenaient

du vert. Sur le positif transparent, les parties où
le vert doit être le plus intense correspondent
donc bien aux parties les plus transparentes.

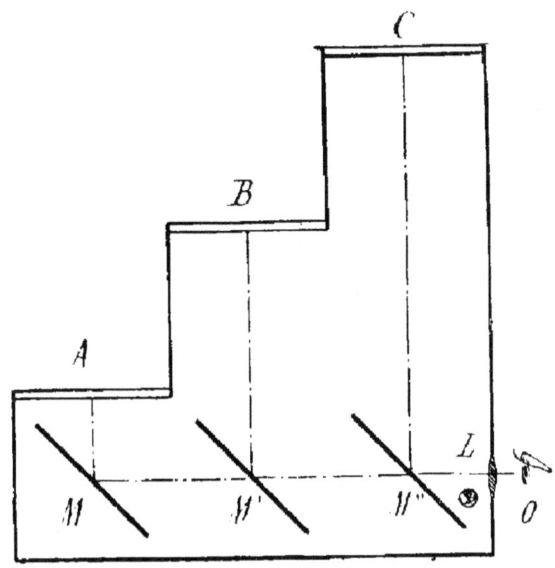

Fig. 2.

Ch. Zink a désigné sous le nom de *photopoly-
chromoscope* un appareil très analogue au précédent, et que montre schématiquement la figure 2.
M, M', M", sont trois miroirs inclinés à 45°. Les
miroirs M' et M" sont transparents.

En A, B, C, se trouvent les trois positifs,
munis chacun de son écran coloré. L'œil, placé
en O, voit donc ces positifs comme s'ils étaient
superposés.

Cet appareil est évidemment réversible ; autrement dit, si on place en A, B, C, trois plaques sensibles munies chacune d'un écran coloré, et qu'un objectif soit monté en L, on pourra obtenir sur les plaques sensibles, en une seule pose, les trois clichés destinés à la reconstitution des couleurs.

M. F.-E. Ives a imaginé un appareil du même genre, qu'il a nommé *héliochromoscope*, et qui présente l'avantage de permettre l'examen des trois positifs placés dans un même plan. Il a également disposé un appareil photographique pouvant fournir, en une seule pose et sur une seule plaque [1], les trois négatifs nécessaires. Dans ces conditions, le procédé se trouve à la portée du premier venu, et n'offre, pour ainsi dire, pas plus de difficulté que la photographie simple.

La figure 3 montre l'aspect extérieur de l'héliochromoscope, et la figure 4 montre sa disposition intérieure [2]. Au bas de cette figure, on voit le triple positif ou chromogramme. Au-dessus de ces trois images se trouvent disposés les trois

[1] M. Ives emploie une plaque isochromatique Edward.
[2] *Scientific American*, 1892.

écrans colorés R, G, V (rouge, vert et violet).
Une série de miroirs transparents et opaques dirige
les rayons émanant des trois images vers un
système optique unique, où l'œil les voit super-

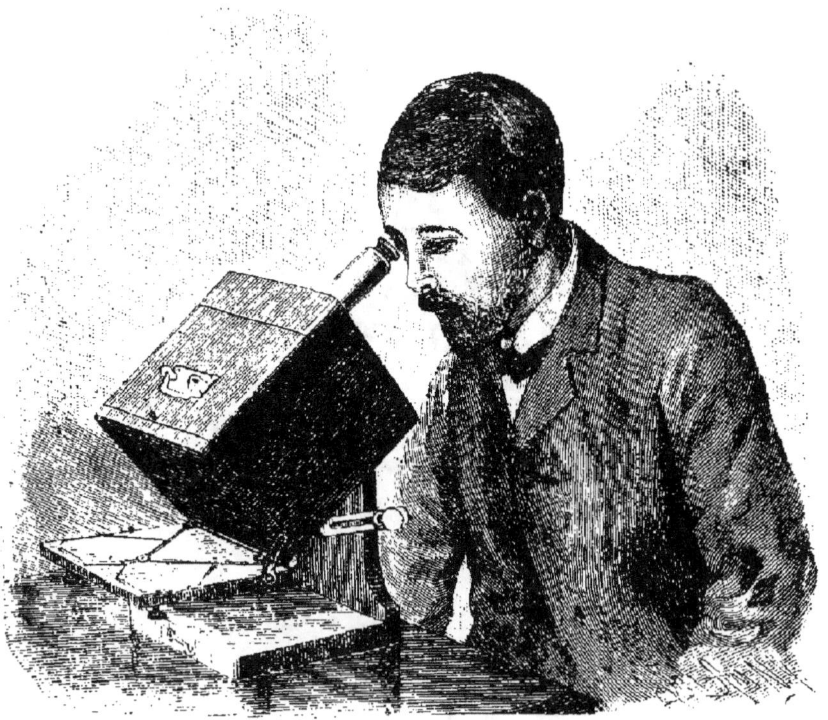

Fig. 3.

posées. La figure 4, sur laquelle se trouve tracé
le trajet de chacune des couleurs, rendra compte,
mieux qu'une description, de la marche des
rayons entre le chromogramme et l'œil. On voit,

au bas de la figure 3, un triple miroir destiné à l'éclairage du chromogramme.

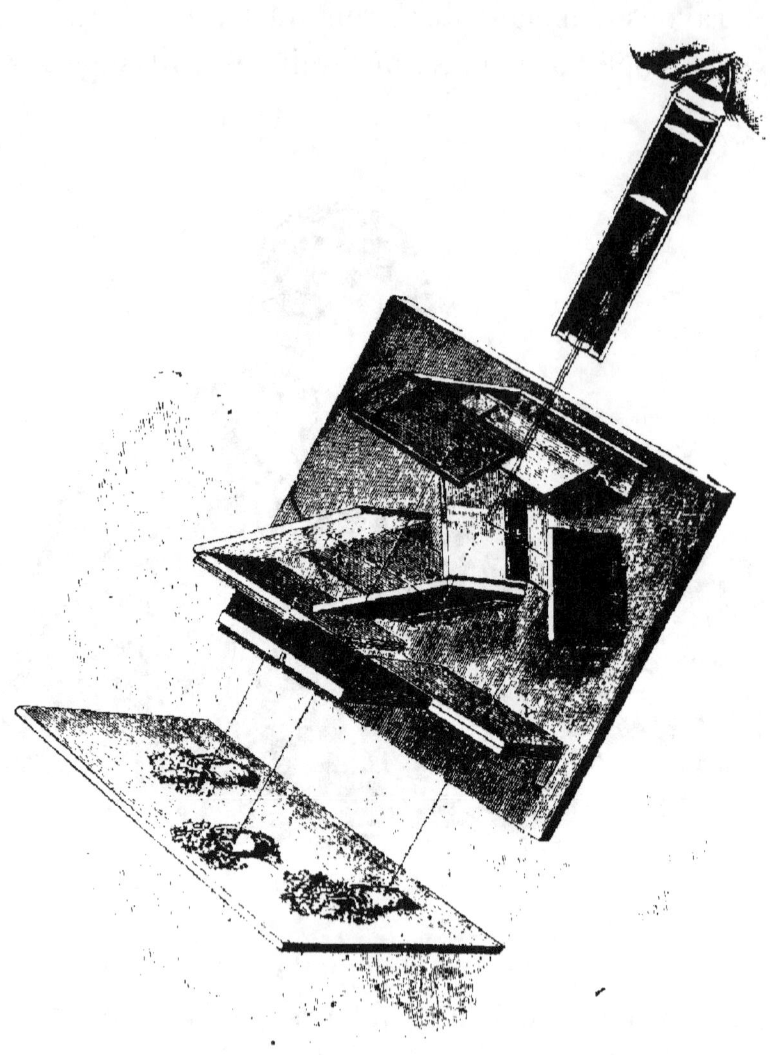

Fig. 4.

Si, au lieu de l'épreuve positive, on place dans l'appareil le négatif, on voit l'image avec ses couleurs complémentaires.

Le chromoscope peut être disposé stéréoscopiquement : il suffit de doubler l'appareil, et

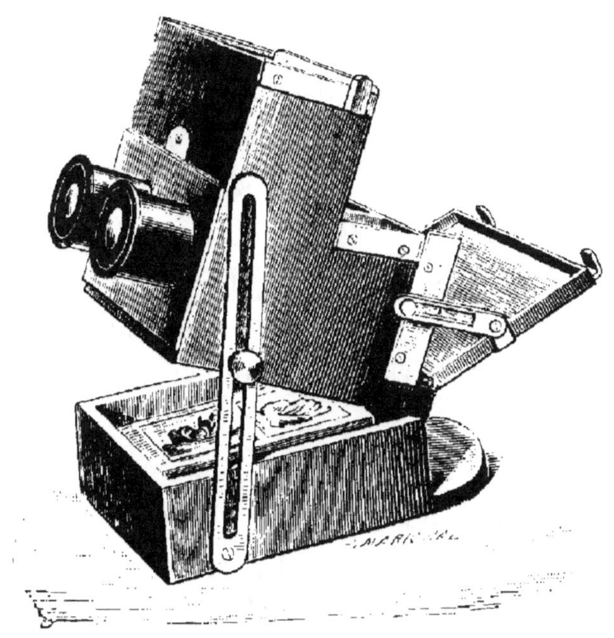

Fig. 5.

d'employer deux séries de clichés pris à la façon des clichés stéréoscopiques, c'est-à-dire avec une légère différence de perspective.

La figure 5 représente le stéréohéliochromoscope de Ives, formé, en réalité, de deux héliochromoscopes juxtaposés. Chacun de ces appareils est construit d'une façon différente du précédent, et rappelle le chromomètre de M. Cros.

M. Niewenglowski a inventé un héliochromoscope à lumière polarisée, dans lequel la lumière incidente est réfléchie par une pile de glaces. Un nicol est intercalé dans le système oculaire, et permet de varier à volonté l'intensité lumineuse.

M. Nachet a combiné un stéréochromoscope dans lequel on présente à un œil deux des images colorées, la troisième étant présentée à l'autre œil. Cette troisième image est, par suite, prise avec une perspective un peu différente des premières.

La figure 6 montre une coupe de cet appareil, passant par l'oculaire qui sert à deux images. L'un des positifs (rouge) est placé en S ; l'autre (vert) en S'. Un miroir platiné M réfléchit l'image de ce dernier. Le troisième positif (bleu) est placé en face l'autre oculaire, comme S. Des réflecteurs AB et CD éclairent les images, et les écrans colorés sont intercalés sur le trajet des rayons.

Cet appareil serait également réversible, c'est-à-dire qu'on pourrait construire une chambre noire, exactement de la même façon, et qui donnerait deux clichés au fond de la chambre noire, et un sur la face inférieure ou supérieure.

Cette forme de stéréochromoscope a été,

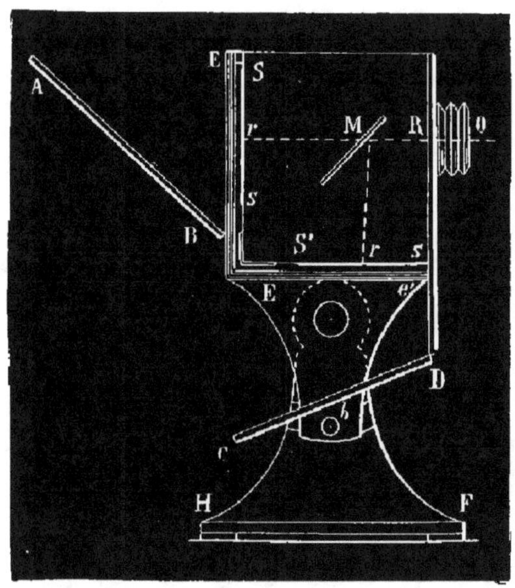

Fig. 6.

croyons-nous, abandonnée par son auteur, en raison de ce que les deux yeux présentent fréquemment des différences de sensibilité, et que, par suite, les trois images colorées doivent être présentées au même œil, si l'on veut assurer l'exactitude des tons.

Le nouvel appareil de M. Nachet comprend donc, comme celui de M. Ives, deux chromoscopes séparés, employant, par suite, six positifs. Ces positifs sont obtenus à l'aide de deux chambres accouplées stéréoscopiquement, et disposées cha-

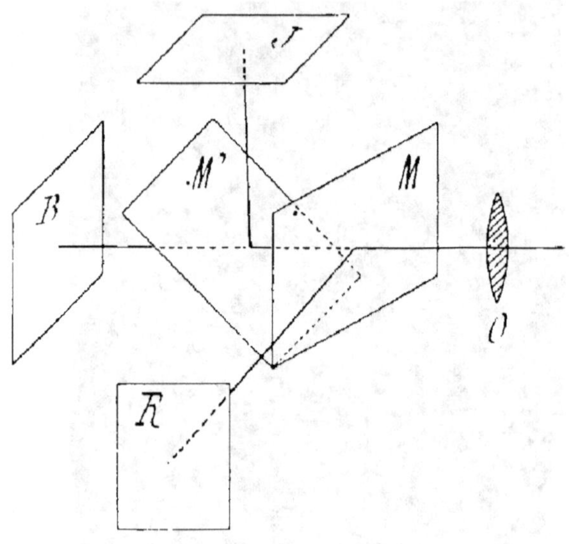

Fig. 7.

cune comme le montre la figure 7. Les rayons émanant de l'objectif O tombent d'abord sur un miroir platiné vertical M, incliné à 45° sur l'axe de l'objectif, sur lequel ils se réfléchissent partiellement pour donner une image sur la plaque sensible R. Les rayons qui ont traversé le miroir M tombent sur un second miroir M' incliné à 45°

sur l'horizontale, et donnent une image sur la plaque J. Enfin, le reste du faisceau lumineux, qui a traversé le second miroir, tombe sur la plaque B verticale. Des écrans colorés sont intercalés sur chacun des trois trajets, de sorte que la plaque R, où la lumière est la plus intense, reçoit l'image rouge. la plaque J l'image jaune, la plaque B l'image bleue. On met au point sur une glace dépolie placée en R, c'est-à-dire à l'endroit le plus éclairé. Les intensités lumineuses sur les trois plaques sont entre elles comme les nombres 1, 3, 15, en supposant, bien entendu, qu'aucun écran coloré n'est interposé. Mais, si l'on intercale un écran rouge suffisant pour arrêter toutes les autres radiations, la pose en R se trouve, au contraire, la plus longue, et il est nécessaire de fermer les deux autres châssis pour prolonger la pose du rouge [1].

[1] M. Ducos du Hauron a publié, en 1895 *Photo-Revue africaine*, n° 13, un procédé de photographie en couleurs ne nécessitant que *deux* couleurs fondamentales, le rouge et le bleu. l'absence du jaune ne faussant pas sensiblement les résultats, au dire de l'inventeur. Dans ces conditions, la photographie en couleurs devient beaucoup plus simple, et les images stéréoscopiques auxquelles M. Ducos du Hauron a donné le nom d'*anaglyphes* peuvent rendre à la fois le relief et la couleur.

* *
*

Les appareils de projection fournissent un moyen non moins élégant de reconstituer et de montrer en public les images polychromes.

Chacun des positifs est placé dans une lanterne à projection, et éclairé par la lumière qui lui convient. On règle la position des épreuves, de

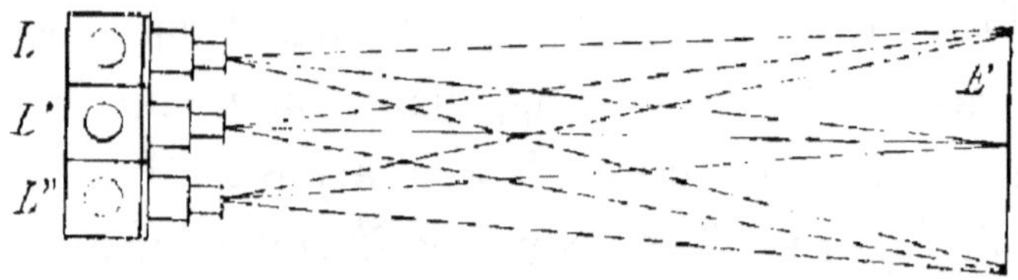

Fig. 8.

façon que les trois projections se superposent exactement.

La figure 8 montre schématiquement la disposition des appareils. L, L', L″ sont les trois lanternes à projection. Dans chacune d'elles se trouve intercalé, derrière l'épreuve, un verre de couleur; les trois images se superposent sur l'écran E.

Cette méthode, indiquée dès 1867, par M. Cros, n'a pu être appliquée à cette époque avec tout le

succès qui lui était réservé. Des perfectionne-
ments successifs l'ont amenée à fournir les résul-

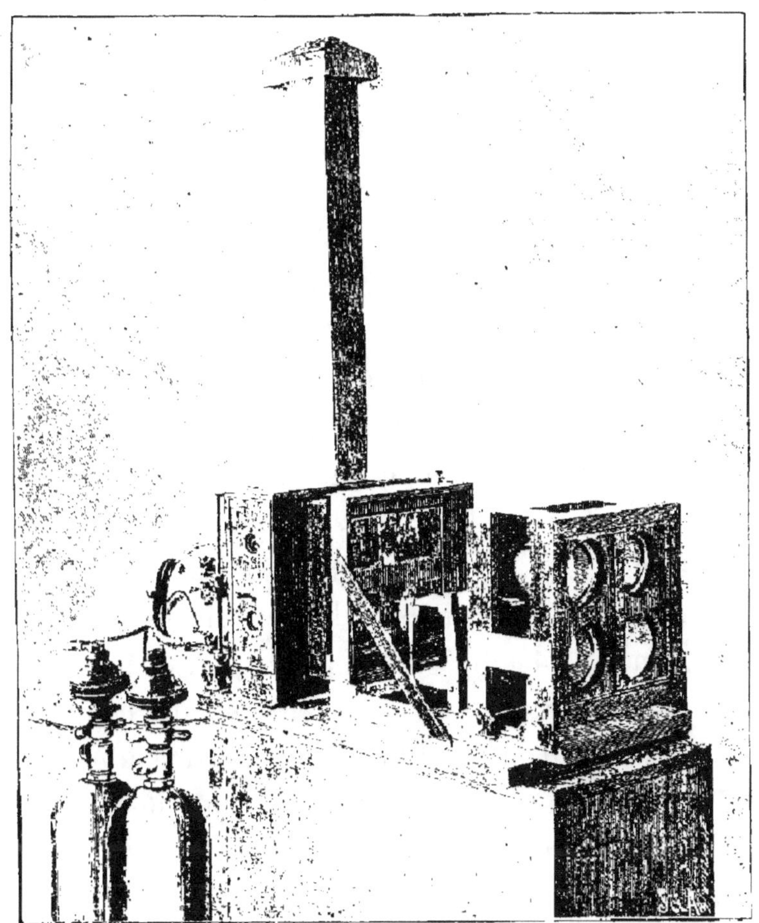

Fig. 9.

tats les plus parfaits peut-être qu'ait jamais don-
nés aucune méthode de photographie en couleurs.

M. L. Vidal a répété, il y a quelques années, devant diverses Sociétés savantes, ces expériences de projections en couleurs, et le succès obtenu atteste la perfection du procédé. Les mêmes expériences, répétées en Amérique par M. F. Ives et par le Dr R.-D. Gray, n'ont pas eu un moindre retentissement.

L'appareil de la figure 9 est celui dont se sert M. Gray (il comprend quatre systèmes optiques[1], et peut servir, par suite, à superposer quatre images, bien que trois suffisent). La figure s'explique d'elle-même. Nous ne nous y arrêterons que pour signaler un détail ingénieux, qui a permis à M. Gray de faire passer rapidement sous les yeux de son auditoire un grand nombre de projections polychromes : il s'agit de la façon dont sont montés les trois positifs. Le porte-épreuve est formé d'un cadre en bois sur lequel on fixe d'abord une épreuve. On met ensuite la seconde en place, et, à l'aide de vis de rappel, on règle sa position par tâtonnement, jusqu'à ce

---

[1] M. Gray a fait également des projections en quatre couleurs, pourpre, jaune, vert et bleu, qui lui ont donné les meilleurs résultats ; pour les projections en trois couleurs, il emploie le rouge, le vert et le bleu.

qu'elle se superpose à la première. (Pour les distinguer facilement, on place, derrière les deux positifs, des verres légèrement teintés et de couleurs différentes.) La superposition exacte étant obtenue, on fixe provisoirement l'épreuve avec un peu de cire à cacheter, et on enlève les vis de réglage pour s'en servir à centrer la troisième épreuve. Lorsque les trois positifs sont ainsi mis en place, on sort le cadre, et on les fixe à l'aide de bandes de papier gommé. On a ainsi, pour un appareil donné et une certaine distance, un tableau qu'il suffit d'introduire dans l'appareil de projection pour obtenir immédiatement l'image en couleurs sur l'écran.

*
* *

Le Dr Joly a imaginé un procédé de photographie en couleurs qui dérive des méthodes précédentes, mais qui présente ceci d'original, que les trois couleurs s'impriment sur la même surface sensible.

Le principe est le suivant :

Une glace réglée de lignes parallèles équidistantes (environ 16 lignes par millimètre) est appliquée sur une plaque sensible, et cette plaque est exposée à la chambre noire. Les lignes tracées sur la glace sont successivement rouges, vertes et violettes. Par le développement du cliché, ainsi exposé, on obtient donc une image en lignes, le rouge seul ayant agi à travers les lignes rouges, le vert à travers les lignes vertes, et le violet à travers les lignes violettes. Sur ce négatif, on tire une épreuve transparente sur laquelle on applique un écran réglé de la même façon que le premier. On voit donc que les parties rouges, par exemple, qui avaient donné une impression à travers les lignes rouges, viennent en blanc sur le positif et, regardées à travers un écran rouge, donnent l'impression du rouge. L'épreuve demande à être vue à quelque distance, pour que la fusion des couleurs s'effectue bien. Cet ingénieux procédé, encore d'invention récente, paraît susceptible d'applications pratiques

MÉTHODE INTERFÉRENTIELLE

La méthode interférentielle est due à M. Lippmann [1]. Elle permet de reproduire les couleurs avec les substances sensibles ordinaires et les révélateurs usuels.

Avant de l'exposer, nous rappellerons les principes qui servent de base à cette méthode : à l'inverse de ce qui a eu lieu pour la plupart des découvertes en photographie, M. Lippmann a pu prévoir les phénomènes, et non pas procéder par une série de tâtonnements plus ou moins incertains. Le rôle de l'expérience consistait uniquement à réaliser les conditions que la théorie avait d'avance assignées.

Nature de la lumière. — La lumière est un phénomène vibratoire, tout à fait analogue au

---

[1] *Comptes Rendus de l'Académie des Sciences*, 1891, 1er semestre, t. CXII, p. 274.

son ; mais, alors que le son est une vibration d'une matière pondérable, un solide ou un gaz, la lumière est une vibration d'un milieu hypothétique, l'*éther*, qui remplit tout l'espace qui nous environne, aussi bien les corps solides que le vide.

M. Bertin a résumé élégamment le principe fondamental de l'optique moderne, en disant que « la lumière est le son de l'éther ».

Cette conception, due à Fresnel, n'est pas le résultat de l'observation directe : personne n'a jamais vu une vibration lumineuse comme on peut voir une vibration sonore ; mais un grand nombre de phénomènes viennent à l'appui de cette idée, tandis qu'on n'a jamais trouvé un fait qui fût en contradiction avec elle.

Les sons les plus graves que l'oreille puisse percevoir correspondent, comme on le sait, à environ seize vibrations doubles par seconde ; autrement dit, le mouvement d'un grand diapason qui donnerait un son de ce genre, ne pourrait déjà plus être suivi à l'œil ; mais, à l'aide de méthodes très simples, on arrive à constater quand même la vibration, et mesurer directement son amplitude. On voit même, à l'œil nu, que l'extrémité du diapason se déplace rapidement entre deux positions extrêmes ; en un mot, le phénomène est extrêmement simple à constater. S'agit-il du son dans un tuyau, c'est-à-dire d'une vibration d'un gaz ? cette vibration donne lieu à des phénomènes mécaniques perceptibles au toucher ; elle se compte toujours par quelques centaines ou quelques milliers d'oscillations par seconde ; en un mot, elle est facile à constater directement et à mesurer.

Mais la vibration lumineuse est un phénomène dont les dimensions sont bien différentes. La lumière jaune, par exemple, exécute *cinq cent milliards* de vibrations par *seconde* ; autrement dit, aucun procédé direct ne permettrait de les compter.

Analogie de la lumière avec le son. — Pour bien faire comprendre les phénomènes d'interférence, nous les étudierons à l'aide des phénomènes d'acoustique. Ces phénomènes, en effet, sont d'un ordre de grandeur qui permet de les constater facilement, et chacun peut répéter, à l'aide d'instruments simples, les expériences qui s'y rapportent.

Il nous suffira ensuite d'appliquer aux vibrations lumineuses les faits ainsi constatés à l'aide des vibrations sonores, pour se faire une idée exacte des phénomènes.

Nous ne manquerons pas, d'ailleurs, de signaler au passage, les analogies entre les phénomènes optiques et le phénomène acoustique correspondant.

Le son se propage dans l'air avec une vitesse déterminée (environ 340 mètres par seconde). Chacun sait que, si l'on regarde à distance tirer une arme à feu, on voit la fumée plusieurs secondes avant d'entendre le coup. La lumière se propage de la même façon, mais avec une vitesse si grande (300.000 kilomètres par seconde) qu'il est impossible de s'en rendre compte par l'observation directe. Lorsque le son se réfléchit sur un mur, par exemple, en donnant lieu au phénomène de l'écho, on perçoit un certain intervalle de temps entre le départ du son et son retour au point de départ. Le même phénomène se produit dans la réflexion de la lumière sur un miroir, mais dans un intervalle de temps trop court pour qu'on puisse le constater d'une façon aussi simple.

Le son se propage avec des vitesses différentes dans des milieux différents; il va plus vite, par exemple, dans l'eau que dans l'air;

mais dans un même milieu, les divers sons se propagent avec *la même vitesse*. Deux sons l'un aigu, l'autre grave, partis en même temps, continuent à cheminer ensemble. Il suffit, pour s'en convaincre, d'écouter à distance un concert d'instruments divers : malgré la différence de hauteur, malgré la différence de timbre des divers sons, l'harmonie subsiste, quelle que soit la distance ; si les vitesses des divers sons étaient différentes, les diverses notes arriveraient dans un ordre différent de celui où elles sont parties, et le morceau serait méconnaissable.

La *couleur* de la lumière correspond à la *hauteur* du son, les diverses lumières colorées diffèrent entre elles, parce qu'elles exécutent par seconde des nombres différents de vibrations. L'*intensité* de la lumière correspond à l'amplitude de la vibration sonore.

Or, le fait dont nous parlions au sujet du son se retrouve encore pour la lumière : des lumières de diverses hauteurs, c'est-à-dire diversement colorées, se propagent dans le même milieu avec la même vitesse.

L'espace parcouru par un son pendant la durée d'une vibration se nomme la *longueur d'onde*. Cette longueur varie avec la hauteur du son, puisque la durée d'une vibration d'un son aigu est plus courte que celle d'un son grave, que leur vitesse de propagation est la même.

La longueur d'onde de la lumière varie aussi avec la *couleur* de cette lumière ; les radiations rouges sont, parmi celles que l'œil peut percevoir, celles qui ont la longueur d'onde la plus longue : ce sont celles qui vibrent le plus lentement. Les radiations violettes, au contraire, vibrent plus rapidement, et ont une longueur d'onde plus courte.

COULEUR	LONGUEUR D'ONDE millièmes de millimètres	NOMBRE DE VIBRATIONS par seconde trillions
Rouge............	0,620	497
Orangé..........	0,583	528
Jaune...........	0,551	529
Vert	0,512	601
Bleu	0,475	648
Indigo..........	0,449	686
Violet..........	0,423	728

Voici quelles sont, en millièmes de millimètre, les longueurs d'onde des principales lumières simples. Nous donnons, en même temps, les nombres de vibrations doubles par seconde qui correspondent à ces diverses lumières. Il est évident, d'après ce que nous disions plus haut, que, pour chaque couleur, le produit de ces deux chiffres doit être constant et égal à environ 300.000 kilomètres.

La lumière blanche est, comme on le sait, un mélange de ces diverses lumières colorées ; c'est, en quelque sorte, un accord dans lequel se trouvent représentées un grand nombre de notes de la gamme lumineuse.

Interférences. — Le phénomène auquel on a donné le nom d'*interférence* est précisément celui qui a permis d'établir l'analogie de la lumière avec le son.

Pour l'étudier, il nous sera nécessaire d'examiner de plus près le mécanisme de la propagation d'un mouvement vibratoire, et, en particulier, d'un mouvement *périodique*.

Jetons une pierre dans l'eau calme. Nous voyons l'onde, partant du point où nous avons ébranlé le liquide, se propager avec une vitesse uniforme, de sorte qu'au bout d'un temps quelconque, elle est arrivée à la circonférence d'un cercle dont le rayon est égal au produit du temps par la vitesse de propagation. Cette expérience simple permet de se représenter la façon dont une onde sonore ou lumineuse se propage dans l'espace.

La pierre, jetée dans l'eau, a donné au liquide un premier ébranlement, mais, de même qu'un diapason écarté de sa position d'équilibre n'y revient qu'après une série de vibrations d'amplitude décroissante, de même l'eau a exécuté, non pas une seule vibration, mais une série d'oscillations; une série d'ondes sont parties du point d'ébranlement. et à des intervalles de temps égaux à la durée d'une de ces oscillations. En regardant l'eau, nous voyons, en effet, à l'intérieur du premier cercle, un second cercle qui représente la deuxième onde, puis un troisième, etc. Ces cercles sont précisément distants l'un de l'autre d'*une longueur d'onde*. Nous sommes là en présence d'un phénomène *périodique*, c'est-à-dire qui se reproduit à des intervalles de temps égaux. Mais le mouvement ainsi créé ne tarde pas à s'éteindre. et, si l'on attend un instant, on voit bientôt le liquide redevenir calme. Pour que la vibration persiste, il faut l'entretenir, c'est-à-dire donner à l'eau une nouvelle impulsion à chaque vibration. C'est ce qui est nécessaire également pour la production d'un son continu ou d'une lumière continue.

Lorsqu'une onde sonore rencontre une surface susceptible de la réfléchir, un mur, par exemple, elle revient sur elle-même, et tout se passe comme si l'onde réfléchie émanait d'un centre d'ébranlement symétrique du premier par rapport au mur. Il en est de même si, au lieu

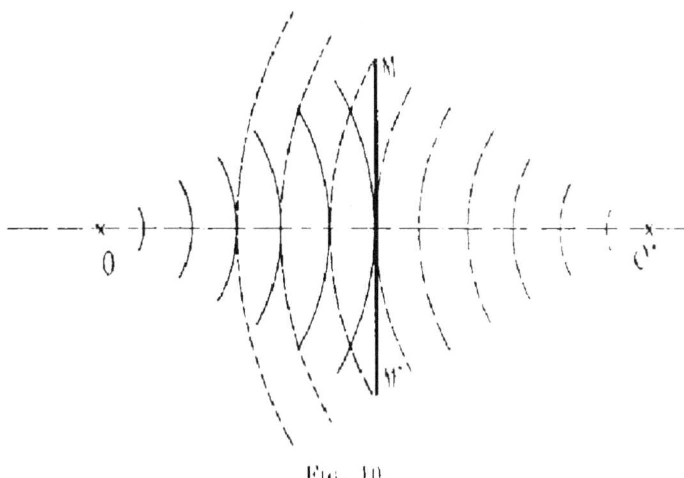

Fig. 10.

d'avoir affaire à une onde unique, on a affaire à une série d'ondes périodiques, à un son continu. Ce son émanant de O (*fig.* 10) par exemple, et rencontrant le mur MM', les ondes réfléchies (figurées en pointillé sur la figure) seront, à un moment quelconque, à la circonférence de cercles ayant O' pour centre.

Il est rare qu'une source de vibrations sonore

ou lumineuse, parte d'un point seulement : elle est ordinairement constituée par une surface et, la plupart du temps, une surface plane.

Chacun des points de cette surface SS émet une série d'ondes, qui, à un instant quelconque, sont arrivées à la circonférence de sphères s, s', s'', s''' (*fig.* 11).

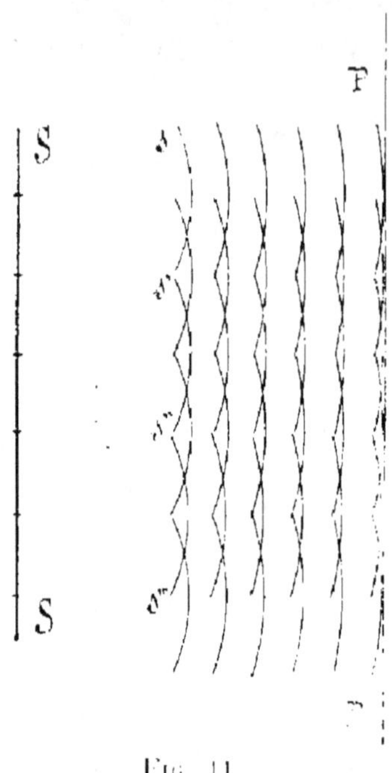

Fig. 11.

Le plan PP, tangent à toutes ces sphères et parallèle à la surface, est l'enveloppe de l'onde au moment correspondant. On peut donc regarder l'onde comme se propageant parallèlement à elle-même, et considérer pour des surfaces tous les phénomènes que nous avons jusqu'ici considérés pour un point seulement.

Une expérience simple permet, d'ailleurs, de se représenter exactement le phénomène de la propagation et de la réflexion d'une onde plane. Touchons avec un objet un peu large de bord d'une planchette, par exemple), la surface d'une eau tranquille ; nous verrons les ondes planes se propager à la surface du liquide. Mettons à distance, dans l'eau, et parallèlement à la planchette, une seconde planche fixe ; nous verrons l'onde s'y réfléchir et revenir sur elle-même.

Cette dernière expérience nous représente, en

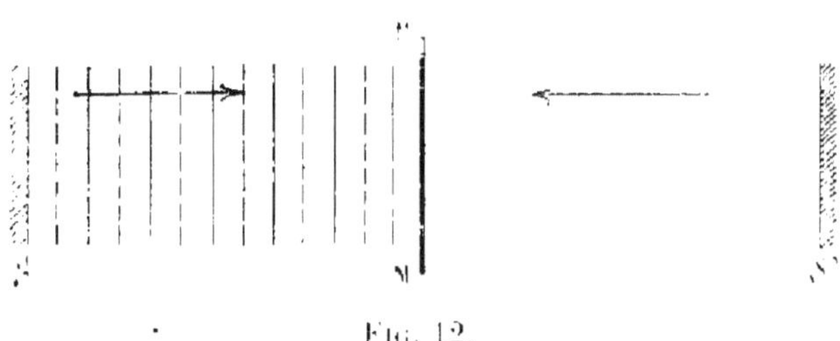

Fig. 12.

acoustique, le phénomène de l'écho, et, en optique, la réflexion sur un miroir plan.

Examinons de plus près ce phénomène, dans le cas d'un mouvement vibratoire continu. La source de vibration S émet, dans le sens de la flèche de la figure 12, une série d'ondes équidistantes, qui, venant frapper le miroir MM, donnent lieu à une série d'ondes réfléchies qui reviennent en sens inverse, comme si elles émanaient d'une source fictive S'. Ces deux séries d'ondes peuvent coexister, comme dans notre expérience du liquide de tout-à-l'heure, mais elles influent l'une sur l'autre ; leurs amplitudes tantôt s'ajoutent, tantôt se retranchent, renforçant ainsi le mouvement à certains endroits, l'annulant, au contraire, dans d'autres, et donnant ainsi lieu au phénomène dit des *interférences*. Mais ce n'est qu'un cas particulier de ce phénomène, car deux ondes peuvent interférer dans beaucoup d'autres conditions.

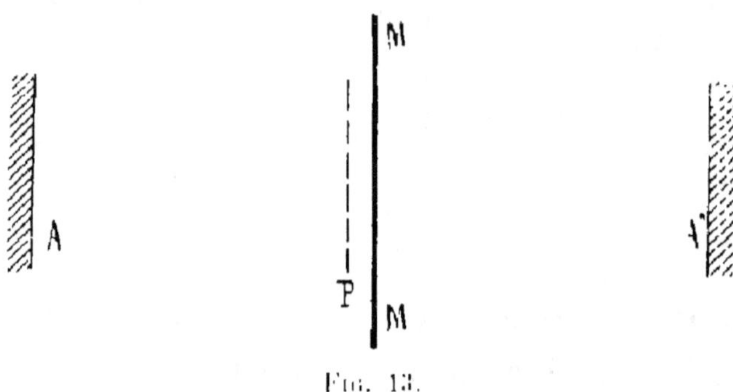

Fig. 13.

Les points où les deux vibrations (directe et réfléchie) s'ajoutent, de même que ceux où elles se retranchent, sont fixes dans l'espace, autrement dit, le phénomène est *stationnaire* ; les maxima et les minima de l'ensemble des deux séries d'ondes se produisent dans des endroits *déterminés*.

Supposons, en effet, qu'une série d'ondes partie de A rencontre le miroir MM (*fig.* 13).

Les ondes réfléchies se comporteront, ainsi que nous venons de le dire, comme si elles émanaient d'une source fictive A', symétrique de A par rapport à MM, si bien qu'à un moment quelconque la surface du miroir MM sera toujours le siège de deux vibrations égales et de signe contraire, puisqu'elle est équidistante des deux sources. Ces deux vibrations se détruiront, et, s'il s'agit de vibrations sonores, il y aura silence en ce point.

Si l'on se place un peu en avant du miroir M (entre M et A, dans le plan P, par exemple), le son réapparaîtra, car la vibration partant de A y arrive avant celle de A', et, par conséquent, elles ne se détruisent plus exactement.

Si la distance entre P' et M est égale *au quart* de la longueur d'onde, l'onde partant de A' sera en retard d'une demi-vibration sur celle partant de A, de sorte qu'elles *s'ajouteront*. Le son sera renforcé en ce point. On verrait de même que, un quart de longueur d'onde plus loin, il y a encore silence, et ainsi de suite. On appelle *nœuds* (ou *plans nodaux*, s'il s'agit d'ondes planes), les endroits où les vibrations se détruisent, et, *ventres*, ou *plans ventraux*, ceux où elles s'ajoutent.

Ainsi, le premier nœud se trouve à la surface même du miroir; le second est à une demi-longueur d'onde en avant du miroir, le troisième a une longueur d'onde, etc. Le premier ventre est à un quart de longueur d'onde en avant du miroir, le second à trois quarts de longueurs d'onde, etc. ; autrement dit :

Un nœud est séparé d'un ventre par une distance égale à *un quart de longueur d'onde;*

Deux nœuds ou deux ventres sont distants l'un de l'autre *d'une demi-longueur d'onde.*

Pour fixer les idées, supposons qu'on se place à distance d'un mur réfléchissant, et qu'on émette un son de 340 vibrations doubles par seconde, autrement dit un son dont la longueur d'onde soit de 1 mètre environ. Si l'on place l'oreille à $0^m,25$ du mur, on constatera que le son y est très fort ; à $0^m,50$ du mur, il sera, au contraire, très faible; à $0^m,75$ il sera de nouveau très fort; à 1 mètre, il sera très faible, et ainsi de suite.

Cette expérience a été réalisée par Savart, en 1839.

Une source lumineuse placée en avant d'un miroir donne de même, près de la surface de ce miroir, une série de ventres et de nœuds lumi-

neux, c'est-à-dire une série de points brillants et
obscurs, distants l'un de l'autre de un quart de
longueur d'onde. Mais on voit combien il est
difficile de constater leur présence. Pour la
lumière jaune, par exemple, un quart de longueur
d'onde est égal à $\frac{0^{mm},0005}{4}$; soit environ un dix millième de millimètre !

Otto Wiener (1890) a pu, néanmoins, montrer
l'existence du phénomène, en plaçant en avant de
la surface du miroir une pellicule sensible, non
pas perpendiculaire à la direction du faisceau
lumineux, mais inclinée sur cette direction. Il a
pu ainsi obtenir les intersections des plans ventraux avec le plan de la pellicule, à des distances plus grandes. Les travaux de M. Lippmann ont donné une confirmation éclatante de
cette belle expérience.

Le procédé de M. Lippmann consiste, en effet,
à déterminer des interférences dans l'épaisseur
d'une couche sensible ordinaire. Après développement, la matière sensible se trouve partagée
en une série de tranches, par des plans formés
d'argent réduit (situés aux ventres).

Un milieu de ce genre (constituant une série
de *lames minces* superposées), éclairé par de
la lumière blanche, possède la remarquable

propriété de ne réfléchir que les rayons de même
longueur d'onde que ceux qui lui ont donné
naissance.

Considérons deux plans à la fois réfléchissants
et transparents tels que deux lamelles de verre
extrêmement minces P, P' (*fig*. 14), et supposons

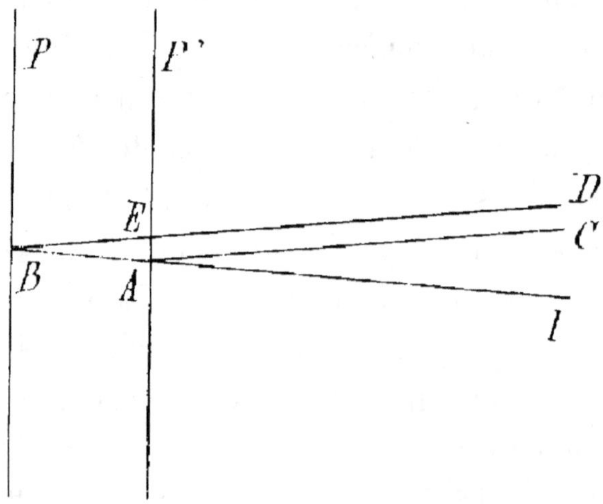

Fig. 14.

qu'ils soient frappés normalement par un faisceau
lumineux I. Sur la figure 14, nous avons repré-
senté ce faisceau un peu incliné, pour pouvoir
distinguer l'onde incidente de l'onde réfléchie.
En arrivant à la surface du premier miroir P', une
partie du faisceau se réfléchit suivant AC; l'autre
partie traverse P', et, venant frapper P, se réflé-

chit suivant BD. Les deux faisceaux AC et BD (qui sont, en réalité, superposés) peuvent interférer l'un avec l'autre : si les ondes des deux faisceaux sont en concordance de phase, il y aura de la lumière réfléchie ; si, au contraire, elles sont en discordance, les deux faisceaux se détruiront, et la surface des plans P, P' apparaîtra obscure.

Or, pour que les phases des deux ondes concordent, c'est-à-dire pour que les deux faisceaux AC et BD vibrent de la même façon, il faut qu'une vibration commence en A en même temps qu'une vibration commence en E. Or, le faisceau I, qui donne naissance à la vibration en A, doit encore parcourir le chemin ABE avant de parvenir en E. Il faut donc que ce chemin ABE corresponde à la durée d'une vibration ou d'un nombre entier de vibrations. Autrement dit, il faut que la longueur ABE soit égale à une, ou deux ou trois longueurs d'onde, et que la distance entre P et P' soit égale à une demi-longueur d'onde, ou une longueur d'onde, ou une longueur d'onde et demie, etc.

La distance entre les surfaces P, P' doit, par suite, être extrêmement petite pour donner lieu à ce phénomène : c'est pourquoi on donne le nom de *lame mince* à un système de deux plans ainsi constitué.

Si l'on fait tomber sur la lame mince de la lumière blanche, une partie de celle-ci seulement sera réfléchie : ce sera celle dont la longueur d'onde est égale à deux fois l'épaisseur de la lame. Si, par exemple, la lame a une épaisseur de 0,27 millième de millimètre, le jaune sera réfléchi ; toutes les autres couleurs seront éteintes ou affaiblies.

Il est facile de réaliser des exemples de lames minces : il suffit de verser à la surface de l'eau une goutte d'essence de térébenthine pour voir apparaître à la surface de magnifiques colorations. En formant une bulle d'eau de savon, on voit également des bandes colorées [1]. Lorsqu'on sépare une feuille de gélatine d'une glace à laquelle elle adhérait (par exemple lorsqu'on détache de son support une épreuve émaillée), on constate, à

----

[1] Ces exemples diffèrent un peu des lames minces formées dans la pellicule de matière sensible : les épaisseurs qui correspondent aux endroits éclairés et aux endroits obscurs n'étant pas les mêmes que précédemment, parce que les deux réflexions s'effectuent dans deux milieux différents air et liquide, mais la nature du phénomène est exactement la même.

la ligne de séparation, des bandes irisées qui sont dues à la même cause. Lorsqu'on applique un cliché de verre sur la glace forte d'un châssis, il ne porte généralement qu'en quelques points ; autour de ces points, on constate souvent la présence de cercles colorés, qui sont dus encore à ce que les deux surfaces de verre laissent entre elles un intervalle très petit.

La nature en offre aussi beaucoup d'exemples : les colorations de certains insectes, celle de la nacre, proviennent des mêmes effets. À la surface des eaux stagnantes, on voit souvent de belles colorations dues à la présence d'une lame mince de matière organique. Enfin, les minéraux qui se clivent (le mica, par exemple) montrent fréquemment des bandes irisées.

Dans tous les cas, à une épaisseur déterminée de la lame mince correspond toujours une coloration déterminée ; on peut s'en assurer en variant l'épaisseur : on voit immédiatement la couleur changer ou se déplacer. Ainsi, dans l'exemple du châssis photographique que nous donnions plus haut, il suffit de varier la pression du cliché sur la glace, pour voir les bandes changer de place.

Si, au lieu d'arriver normalement, la lumière

arrive sous une incidence oblique. le phénomène reste le même, mais l'épaisseur doit être mesurée dans la direction du faisceau lumineux ; autrement dit, pour un même écartement de deux plans réfléchissants, la lumière réfléchie aura une longueur d'onde plus grande.

.

Nous avons vu que, dans le cas d'un faisceau réfléchi interférant avec le faisceau incident à l'intérieur d'une couche sensible, les plans qui, après développement, divisent la couche sensible, sont à une distance l'un de l'autre égale à une demi-longueur d'onde. Ils constituent donc une série de lames minces qui sont précisément dans les conditions voulues pour réfléchir les rayons de même longueur d'onde que ceux qui ont donné naissance à ces lames minces.

Ainsi, *la méthode interférentielle consiste à déterminer, dans l'épaisseur d'une couche sensible en contact avec un miroir, une série de plans d'argent réduit distants l'un de l'autre d'une demi-longueur d'onde. La série de lames minces ainsi constituée, frappée ensuite par de la lumière blanche, ne réfléchira à chaque en-*

droit que la couleur dont la longueur d'onde correspond à celle qui l'aurait frappée.

Jusqu'ici nous n'avons considéré que les couleurs simples, mais on peut se demander ce qui arrivera s'il s'agit d'une couleur composée, c'est-à-dire si un point de la couche sensible se trouve frappé à la fois par plusieurs radiations de couleurs différentes.

On sait que plusieurs mouvements vibratoires peuvent se superposer. Par exemple, un tuyau d'orgue ou un instrument de musique quelconque émet rarement une note unique : le son fondamental est accompagné d'*harmoniques*, c'est-à-dire de sons dont le nombre de vibrations est un multiple de celui du son fondamental. La présence de ces harmoniques, en modifiant la forme et la vibration, donne à l'instrument son timbre particulier. Le même fait peut se présenter pour la lumière. Le phénomène n'est pas connu d'une façon assez intime pour qu'on puisse préciser ce qui se passe à l'intérieur de la couche sensible quand on y fait interférer diverses longueurs d'onde. Il est probable que chaque radiation donne lieu à un système spécial de lames minces, de sorte que l'épaisseur de la couche se trouve, en réalité, divisée en plusieurs séries de lames minces, dont chacune réfléchit une couleur déterminée [1].

L'expérience a montré, en tout cas, que la méthode Lippmann permet la reproduction des couleurs composées. Il est jusqu'ici extrêmement difficile de les obtenir avec leur valeur exacte ; mais les raisons de cette difficulté sont parfaitement connues : la teinte d'une couleur composée ne dépend pas seulement, en effet, de la nature des couleurs qui la composent, mais aussi de la proportion de ces couleurs. Il faudrait donc arriver à obtenir pour chaque couleur, une sensibilité de la plaque qui fût du même ordre que celle de l'œil, ou plus exactement, il faudrait que la sensibilité de la plaque et le pouvoir réflecteur des couches d'argent réduit fussent tels, que toutes les couleurs simples se présentent à l'œil avec les mêmes intensités relatives qu'elles avaient dans le modèle. On conçoit combien, dans l'état

---

[1] Le Dr Neuhauss a fait remarquer que l'on peut espérer voir directement au microscope les couches d'argent obtenues à l'aide d'une lumière simple. On possède, en effet, des instruments qui permettent de résoudre l'amphipleura pellucida, en traits qui sont espacés de $0^{mm},00022$, alors que dans le cas de la lumière rouge, les plans ventraux sont à une distance de $0^{mm},0003$.

actuel de la science photographique, il est difficile d'arriver à ce résultat : la nature de la matière sensible, celle du support dans lequel elle
est emprisonnée, celle des matières employées
pour l'orthochromatisme, le temps de pose, le
développement, sont autant de facteurs qui
exercent leur influence sur l'épreuve finale.

Le champ reste ouvert aux chercheurs pour
perfectionner dans ce sens le procédé qui, par
suite de ces difficultés, n'a pu entrer encore dans
la phase industrielle. Mais, quel que soit l'avenir
qui lui est réservé, l'œuvre de M. Lippmann
n'en reste pas moins un monument impérissable,
et l'une des grandes conceptions de la physique
moderne.

Mode opératoire. — D'après ce que nous
avons vu précédemment, il faut que la couche
sensible soit en contact avec un miroir, de façon
à ce que les rayons lumineux, en frappant ce
miroir, interfèrent dans l'épaisseur de la couche,
immédiatement en avant du miroir.

Si M représente la surface d'un miroir *(fig. 15)*,
C l'épaisseur de la couche sensible, un faisceau
lumineux venant frapper la couche, la traversera,
rencontrera le miroir, et donnera lieu à un fais-

ceau réfléchi qui, interférant avec le premier, produira dans la couche une série de nœuds et de ventres, c'est-à-dire une série de tranches obscures séparées par des tranches brillantes. Les plans ventraux, c'est-à-dire les tranches bril-

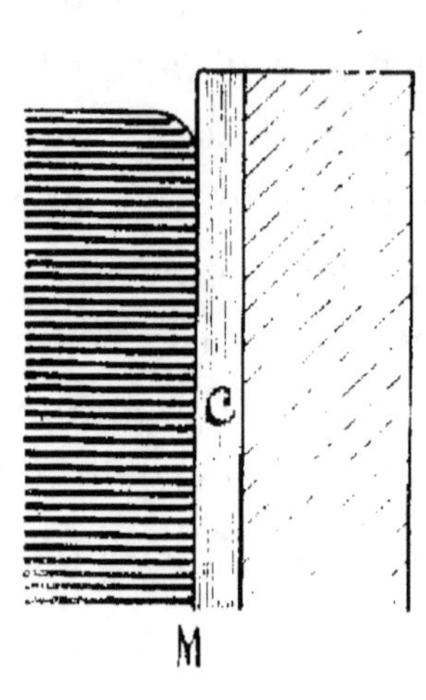

Fig. 15.

lantes, s'impressionneront; alors que les plans nodaux ou obscurs, ne subiront pas d'altération. Après développement, le phénomène interférentiel sera en quelque sorte fixé à l'intérieur de la couche : les plans ventraux seront représentés par des lames d'argent réduit, et les plans nodaux par des lames transparentes de gélatine, par exemple, si la matière sensible était emprisonnée dans de la gélatine.

L'appareil employé par M. Lippmann est une chambre photographique ordinaire, au fond de laquelle peut s'adapter un porte-plaque spécial, construit comme l'indique la figure 16. C'est une cuve, dont l'une des parois est formée par la plaque sensible, la couche sensible tournée vers l'intérieur. Cette cuve est remplie de mercure

qui forme la surface réfléchissante directement
en contact avec la couche. Les autres parois de
la cuve sont formées par un cadre en bois, ou
en ébonite, et par une plaque de verre ordinaire.
Le tout est assemblé par des pinces à ressort
qui permettent de le
démonter rapidement
après qu'on a vidé le
mercure.

Ce premier appareil
a été perfectionné
depuis. M. Lumière
(1893) a employé, par
exemple, le dispositif
que voici (*fig.* 17) :

Le fond de la cuve
est constitué par une
planchette P, au bas de
laquelle s'adapte une

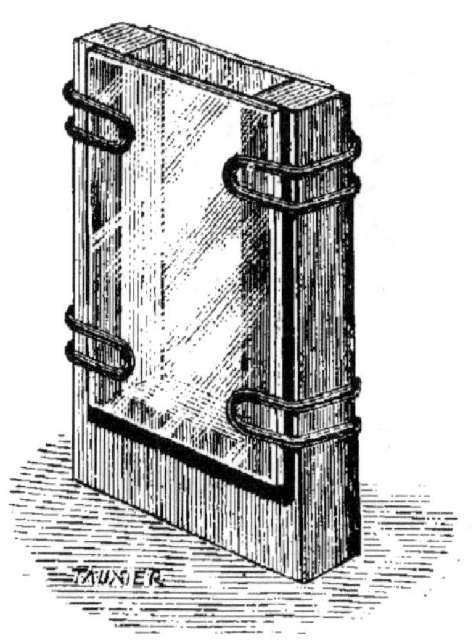

Fig. 16.

tubulure à robinet T, qui porte une poire de caoutchouc M. La plaque S est appliquée sur cette
planchette par l'intermédiaire d'un cadre en
caoutchouc J, formant joint. Le tout est assemblé
par l'intermédiaire du châssis K, qui porte inté-
rieurement des bandes de caoutchouc B, pour
égaliser la pression. La poire P, contient le mer-

cure. Il suffit de l'appuyer pour amener le mercure en contact avec la plaque. A la fin de
l'opération, il suffit d'ouvrir le robinet T, et le
mercure rentre dans la poire.

M. Valenta (1894) a employé
un châssis qui rappelle un châssis
positif ordinaire, dans lequel la
glace forte serait remplacée par la
plaque sensible sur laquelle se
pose un cadre en caoutchouc. On
applique sur ce cadre une plaque
de fer munie de deux bouchons à
vis qui servent à introduire le
mercure.

M. Contamine (1894)
et M. Richard ont ima-
giné un châssis qui,
placé verticalement,

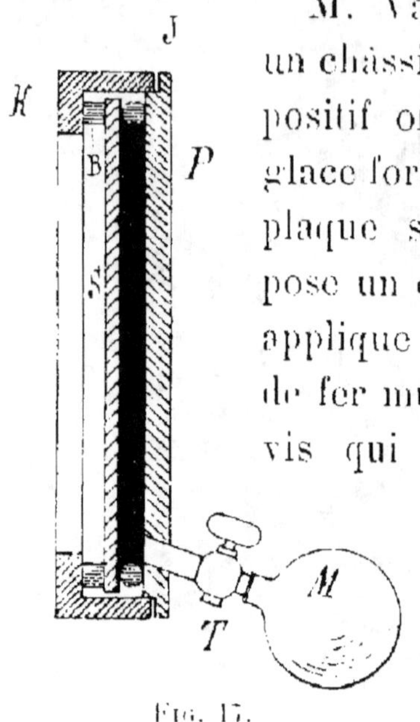

Fig. 17.

amène le mercure au contact de la plaque.
Couché au contraire horizontalement, il laisse
écouler ce mercure dans une cavité ménagée
dans la partie postérieure du châssis.

Les émulsions ordinaires au gélatino-bromure
ne sauraient être employées pour la photographie
des couleurs : la matière sensible se trouve, en
effet, répartie dans la couche de gélatine sous

forme de grains dont le diamètre atteint quelquefois de $\frac{1}{100}$ millimètre. Il serait donc illusoire de vouloir produire, dans un milieu aussi grossier, des images étagées à une distance de $\frac{1}{3000}$ de millimètre l'une de l'autre. De plus, ces émulsions sont peu transparentes. Or, il est nécessaire que le milieu dans lequel se produiront les interférences soit transparent, pour que l'onde réfléchie ne soit pas trop affaiblie.

M. Lippmann a employé avec succès des glaces au collodion ou à l'albumine, sensibilisée au bain d'argent. Le procédé Taupenot (collodion et albumine) a donné également de bons résultats. Enfin, des plaques à la gélatine, sensibilisées au bain d'argent, ont rempli également les conditions de finesse et de transparence requises [1].

Le développement se pratique de la façon habituelle, en évitant d'empâter l'image, et en choisissant, autant que possible, un révélateur

---

[1] M. Lippmann a d'abord opéré en prenant comme source lumineuse le spectre solaire. Les couleurs qui le composent sont simples, ce qui facilite beaucoup l'analyse des résultats. Il a ensuite réussi à photographier divers objets : des vitraux, un perroquet, etc.

donnant des couches brillantes. On fixe ensuite à l'hyposulfite de soude.

Les conditions de l'expérience, ne différant pas sensiblement de celles d'une photographie ordinaire, on peut se demander pourquoi le phénomène ne s'était jamais produit fortuitement, et pourquoi il n'avait pas été constaté longtemps avant d'en avoir l'explication. C'est que, dans les opérations photographiques habituelles, la couche réfléchissante fait défaut. Toutefois, elle existe dans la daguerréotypie, la matière sensible étant déposée à la surface d'une lame d'argent poli. Mais, dans ce procédé, l'iodure d'argent n'est englobé dans aucune matière étrangère. Il s'ensuit que les lames minces qui s'étaient formées s'affaissent les unes sur les autres au moment du fixage, et qu'il ne se manifeste aucune coloration.

Néanmoins, le phénomène avait été constaté, et, dès 1843, Arago disait en parlant de la photographie des couleurs : « Ce problème ne sera résolu que le jour où l'on trouvera une seule et même substance que les rayons rouges coloreront en rouge, les rayons jaunes en jaune, les rayons bleus en bleu, etc. M. Niepce signalait déjà des effets de cette nature où, suivant moi, le phénomène des anneaux colorés jouait quelque rôle [1]... »

Les expériences de M. Becquerel, que nous avons résumées dans un autre chapitre, avaient conduit à de brillants résultats, mais personne n'avait réussi à *fixer* les couleurs obtenues. M. Zenker en avait donné néanmoins une explication précise.

Les images de M. Lippmann sont, il est à peine besoin de le dire, aussi stables qu'une épreuve quelconque : elles sont formées d'argent réduit incorporé dans l'albumine ou la gélatine. L'expérience a montré qu'on pouvait impunément les exposer à une lumière intense sans modifier en rien leur aspect.

Ainsi que nous l'avons dit précédemment, une des grandes difficultés provient de l'inégale sensibilité des sels d'argent, aux diverses couleurs du spectre. Il s'ensuit que le rouge, par exemple, n'aura pas encore donné trace d'impression, alors que le bleu et le violet auront déjà agi. Au début de ses expériences, M. Lippmann interposait devant l'objectif, au début de la pose, une

[1] *Traité de Photographie*, par N. P. LEREBOURS 4e édition. Paris, juin 1843.

cuve à faces parallèles contenant une dissolution d'héliantine rouge, qui ne laisse passer que les rayons rouges et jaunes. Lorsque le rouge était suffisamment impressionné, la cuve d'hélianthine était remplacée par une cuve de bichromate de potasse, qui laissait passer le vert et le rouge, mais arrêtait le bleu. Finalement, on achevait la pose sans aucun écran, de façon à impressionner le bleu et le violet. La durée totale de la pose était d'au moins une demi-heure, dont la plus grande partie était nécessitée par les rayons rouges.

Dès 1892[1], M. Lippmann arrivait à obtenir les photographies de spectres avec des temps de pose de cinq à trente secondes, en employant des plaques orthochromatiques d'albumino-iodure d'argent traité par l'azaline et la cyanine. Il réussissait également à photographier des objets éclairés par le soleil, avec cinq à dix minutes de pose. MM. Lumière (1893) ont pu réduire encore ces temps de pose, et obtenir des portraits en quatre minutes au soleil.

M. Lippmann a pu obtenir des impressions

---

[1] *Séances de la Société Française de Physique*, 1892.

colorées sur des couches d'albumine ou de gélatine bichromatée, exposées devant le miroir de
mercure, mais les images n'apparaissent que
lorsque la couche est mouillée [1]. Le phénomène
s'explique de la façon suivante : Les interférences
se produisent dans la couche, comme précédemment, et rendent insolubles les tranches de gélatine correspondant aux plans brillants ; il s'ensuit
que les plans obscurs restent susceptibles d'absorber l'eau. Lorsqu'on humidifie la couche, les
parties non impressionnées, se chargeant d'eau,
acquièrent un indice de réfraction, et, par suite,
un pouvoir réflecteur différent du reste. Les
rayons réfléchis par chacune de ces surfaces
interfèrent comme précédemment, en donnant
lieu au phénomène des lames minces, comme
dans le cas de l'argent réduit [2].

Lorsqu'on emploie une couche d'albumine
bichromatée, il faut l'insolubiliser au bichlorure
de mercure avant la sensibilisation ou avant le

---

[1] Avec la gélatine, l'image apparaît, non lorsque la couche
est entièrement mouillée, mais lorsqu'on la rend humide en
y projetant l'haleine.

[2] M. de Saint-Florent a pu également obtenir des images
interférentielles aux sels de fer.

lavage ; autrement, l'eau dissoudrait les parties non insolubilisées.

Les couleurs obtenues par la méthode interférentielle sont très pures et très brillantes. M. Lippmann attribue ce fait au grand nombre de lames minces superposées ; l'optique présente déjà des phénomènes analogues. Dans les réseaux par réflexion [1], par exemple, la pureté des couleurs augmente avec le nombre des miroirs élémentaires.

Lorsque l'image interférentielle est formée d'argent réduit incorporé dans la gélatine, l'albumine ou le collodion, les couleurs ne sont visibles qu'au séchage : on comprend en effet que, sous l'action de l'humidité, les distances entre les divers plans varient, et qu'ils ne se retrouvent à leurs places respectives que si la plaque est dans le même état qu'au moment de l'exposition à la lumière, c'est-à-dire sèche.

Pour voir les couleurs, il faut regarder, par

------

[1] Un réseau par réflexion consiste en une lame de métal poli, à la surface de laquelle on a tracé une série de traits parallèles très rapprochés, de façon à la diviser en un grand nombre de miroirs élémentaires. Un faisceau lumineux tombant sur cette surface donne lieu à des interférences, avec production des couleurs spectrales.

réflexion, l'image éclairée par la lumière *diffuse* et non pas par une source lumineuse.

Le Dr Neuhauss a construit un appareil spécial pour regarder les épreuves interférentielles. Il se compose d'une caisse sur laquelle est montée une lentille [1], à travers laquelle on regarde l'épreuve. Celle-ci est mobile sur un cercle gradué. On l'éclaire à travers un papier huilé ou un verre dépoli.

La meilleure méthode, pour regarder les images interférentielles, est de les projeter sur un écran à l'aide d'une lanterne pourvue d'une source lumineuse puissante, l'arc électrique par exemple.

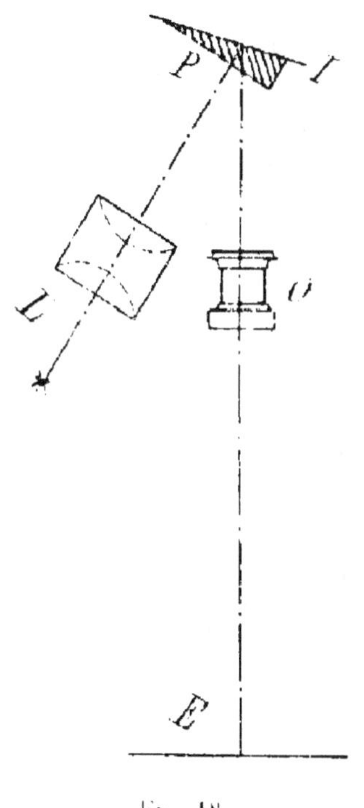

Fig. 18.

La figure 18 montre le dispositif employé par MM. Lumière :

---

[1] Il paraît y avoir intérêt, en effet, à regarder les images sous un faible grossissement.

L est la lanterne pourvue du condensateur. O l'objectif. E l'écran. Sur l'épreuve L, on colle à l'aide de baume de Canada, un prisme de verre P, dont le rôle est d'éviter les réflexions à la surface du verre. Autrement dit, l'addition de ce prisme conduit au même résultat que si l'épreuve avait été obtenue sur une glace à faces non parallèles, et les rayons réfléchis par la face extérieure ne viennent pas se superposer à l'image qui se trouve sur la face intérieure.

Couches sensibles. — On a préconisé déjà un grand nombre de formules pour la préparation des couches sensibles aux sels d'argent, destinées aux épreuves interférentielles. Nous rappellerons seulement les principales. Le but poursuivi par les divers expérimentateurs a toujours été d'arriver à une matière sensible sans grain, ou, du moins, ayant un grain très fin.

Le Dr Neuhauss a, toutefois, montré qu'on peut obtenir d'excellentes reproductions des couleurs avec des plaques dont le grain a de 0^{mm},0001 à 0^{mm},0003 de diamètre, c'est-à-dire est presque du même ordre de grandeur que la longueur d'onde de la lumière bleue.

Procédé Lumière. — MM. A. et L. Lumière obtiennent de la façon suivante les plaques au gélatino-bromure destinées à la reproduction des couleurs :

On commence par préparer les trois solutions suivantes :

```
A. Eau distillée ..........................   400
   Gélatine .............................    20

B. Eau distillée.........................    25
   Bromure de potassium..................    2,3

C. Eau distillée.........................    25
   Nitrate d'argent ......................    3
```

On sépare la solution A en deux moitiés, dont l'une est ajoutée à la solution B et l'autre à la solution C. On mélange ensuite ces deux dernières, en versant C dans B. On ajoute ensuite le sensibilisateur (cyanine, violet de méthyle, érythrosine, etc.) : puis, on filtre et on étend sur les plaques, à la tournette. La température ne doit pas dépasser 40 degrés.

Lorsque la gélatine a fait prise, on trempe la plaque dans l'alcool [1], puis on lave. Ce lavage

---

[1] Le lavage à l'alcool, plus ou moins additionné d'eau a pour but de faire disparaître les petites bulles qui se montrent toujours à la surface de la couche, et de permettre le mouillage complet de la surface.

est d'ailleurs court [1], la couche étant très mince.
(Les couches minces sont, en effet, celles qui
donnent les meilleurs résultats.)

On sèche ensuite les plaques. Avant l'emploi,
on les traite par la solution suivante: (deux minutes).

```
Eau distillée..........................  200 cc.
Nitrate d'argent.......................    1
Acide acétique.........................    1
```

qui augmente leur sensibilité, mais, par contre,
ne permet plus de les conserver que peu de
temps. Les plaques sont séchées après ce nouveau traitement.

Le révélateur employé avec ces glaces se prépare de la façon suivante:

```
A. Eau.................................  200 cc.
   Acide pyrogallique...................    1
B. Eau.................................  100
   Bromure de potassium................   10
```

Le révélateur contient:

```
Solution A............................   10 cc.
Solution B............................   15
Ammoniaque D    0,96 à 18°.............    5
Eau...................................   70
```

[1] Un quart d'heure environ.

Le titre de l'ammoniaque a une grande importance : une faible variation influe sur le résultat.

PROCÉDÉ VALENTA. — Les deux solutions mères sont les suivantes :

```
A. Gélatine.............................  10 gr.
   Nitrate d'argent......................   6  »
   Eau..................................  300  »
B. Gélatine.............................  20 gr.
   Bromure de potassium..................   5  »
   Eau..................................  300  »
```

Ces deux solutions étant à la température de 35 degrés, on ajoute *A* à *B*, et on verse immédiatement le tout dans un litre d'alcool à 90°. On agite avec une baguette de verre jusqu'à ce que tout le gélatino-bromure, précipité, adhère à l'agitateur. On le divise alors en petits morceaux, on le lave pendant quelques minutes, puis on le redissout dans l'eau de façon à obtenir le même volume de 600 centimètres cubes. On filtre, et on ajoute les matières colorantes.

On peut, d'ailleurs, comme dans le procédé Lumière, étendre l'émulsion sur les plaques au lieu de la précipiter par l'alcool, et éviter ainsi la refonte. La plaque finie est transparente, et légèrement opalescente.

Les plaques ainsi préparées sont peu sensibles, en comparaison des plaques au gélatino-bromure ordinaire. Exposées au sensitomètre pendant cinq minutes, à une lumière de 50 bougies, elles accusent 1 degré environ.

Si l'on chauffe l'émulsion, ou si on la traite par l'ammoniaque, la sensibilité augmente, mais le grain grossit, et la plaque devient impropre à la photographie des couleurs. Ce sont, naturellement, les couleurs de faible longueur d'onde qui, les premières, disparaissent lorsqu'on grossit le grain. Ainsi, une émulsion digérée à 38° degrés ne reproduit déjà plus bien le bleu.

Valenta a réussi à augmenter la sensibilité sans grossir sensiblement le grain, en ajoutant 1 gramme de sulfite de soude à 300 centimètres cubes d'émulsion, et en faisant digérer à 38 degrés. Au bout de cinq minutes de digestion, on obtient, dans les mêmes conditions que précédemment 4 degrés au sensitomètre, et, au bout d'une heure, 18 degrés. Une émulsion ainsi mûrie pendant une demi-heure, peut encore donner des images interférentielles.

La solution colorante employée est la suivante:

Solution alcoolique de cyanine à 1 500...   4 cc.
           d'erythrosine à 1 500...   2 cc.

On ajoute 1 à 2 centimètres cubes de ce mélange, à 100 centimètres cubes d'émulsion.

Valenta a obtenu d'excellents résultats avec des émulsions au chlorobromure, et indiqué les formules suivantes pour leur préparation :

```
A. Eau ...................................   300
   Gélatine ..............................    10
   Nitrate d'argent ......................     6

B. Eau ...................................   300
   Gélatine ..............................    20
   Bromure de potassium ..................   2, 4.
   Chlorure de sodium ....................   1, 5.
```

Le mélange se fait à 35 degrés, comme précédemment.

Le révélateur employé par Valenta se prépare à l'aide des deux solutions suivantes :

```
A. Acide pyrogallique ..............   4 gr.
   Eau ...........................   400 cc.
   Acide nitrique ................     6 gouttes.

B. Bromure de potassium ..........    10 gr.
   Eau ...........................   400 cc.
   Sulfite d'ammonium ............    12 gouttes.
   Ammoniaque D  0,91 ...........    14   »
```

Le révélateur est formé de :

```
Solution A ......................     1 partie.
Solution B ......................   2 à 3   »
Eau ............................   12 à 14   »
```

Le révélateur suivant a également donné au même auteur de bons résultats :

```
A. Eau .......................................  100
   Acide pyrogallique .......................    1

B. Eau .......................................  200
   Bromure de potassium .....................   20
   Ammoniaque D   0,96 ......................   67
```

Le révélateur contient :

```
Solution A ..................................  10 cc.
Solution B ..................................  20  »
Eau .........................................  70  »
```

Les plaques au chlorobromure se traitent par le même révélateur auquel on ajoute la moitié de son volume d'eau.

Quel que soit le procédé employé, le fixage se fait, soit à l'hyposulfite de soude, soit au cyanure de potassium. L'hyposulfite est généralement préféré. On termine par un lavage soigné. L'épreuve peut être renforcée au bichlorure de mercure.

On a indiqué un certain nombre d'autres formules pour la préparation des émulsions.

M. Kolkow empêche la formation du grain en ajoutant à l'émulsion quelques gouttes d'acide acétique cristallisable, et en opérant toujours à la température de 35 à 40 degrés. Il étend l'émulsion sur les plaques en couche assez épaisse, et sans l'aide de la tournette.

Thwing (1892) a obtenu des images au collodio-bromure, avec une durée de pose de vingt minutes au soleil.

*
* *

Krone (1892) a obtenu des images interférentielles sans l'emploi du miroir de mercure. La surface réfléchissante était formée par le verre lui-même, un morceau de velours noir était appliqué contre la plaque. Les couleurs obtenues sont, toutefois, moins vives que celles données par le procédé Lippmann.

M. de Saint-Florent (1893) a réussi à obtenir des images interférentielles dans les mêmes conditions, par le procédé suivant :

Une plaque ordinaire au gélatino-bromure est placée derrière un écran coloré, et exposée au soleil (de un quart d'heure à une heure). On la fixe au sortir du châssis (sans la développer) et on la lave. Au sortir de l'eau, la glace présente, par réflexion, les couleurs de l'écran. Ces couleurs sont faibles, mais néanmoins très nettes.

Il est nécessaire d'intercaler un verre orangé (ou plusieurs écrans successifs) devant l'écran coloré. Les images présentent le même caractère que celles de M. Lippmann ; les couleurs vues par transparence sont complémentaires de celles par réflexion.

M. de Saint-Florent suppose que, dans cette expérience, la surface réfléchissante est la surface interne de la couche sensible, et non pas celle du verre.

Il a remarqué que la sensibilité est plus grande, et les couleurs obtenues plus vives, si on plonge la plaque avant exposition dans une solution de nitrate d'argent à 10 0/0, additionnée d'une forte proportion d'alcool (on sèche sans laver).

Contrairement à ce qu'avait signalé M. Lippmann, les épreuves obtenues par M. de Saint-Florent (sans développement), ne se montrent que lorsque la surface est mouillée. Aussi cet auteur a-t-il été conduit à conserver ses épreuves dans une sorte de cuvette verticale, en forme de cadre, qui contient de l'eau phéniquée.

.·.

La méthode interférentielle présente quelques

particularités que la théorie n'explique pas encore complètement, et qui sont peut-être dues, d'ailleurs, à des phénomènes secondaires.

C'est ainsi que certaines épreuves se voient de la même façon, du côté verre et du côté pellicule, alors que d'autres présentent de grandes différences de coloration. Ce sont surtout les plaques à couche épaisse qui présentent ce dernier phénomène.

De même, la durée de l'impression lumineuse a une influence sur la couleur. Par exemple, si l'on obtient du bleu, avec un certain temps de pose, on obtiendra du vert si l'on prolonge l'exposition. Le Dr Neuhauss a fait remarquer aussi que la teinte n'était pas la même dans toute l'épaisseur de la couche. Si l'on frotte celle-ci avec un tampon de peau imbibé d'alcool, de façon à l'amincir, on constate que les couches sous-jacentes donnent des couleurs de plus faible longueur d'onde.

Une lame mince ne donne, d'ailleurs, pas une couleur simple : la couleur de la lame mince correspond aux radiations qu'elle renforce le plus ; mais elle n'éteint pas complètement toutes les autres. M. Meslin a examiné au spectroscope les pellicules colorées obtenues par la méthode

Lippmann. Dans toutes les parties, on obtient un spectre entier, mais beaucoup plus brillant dans la partie qui correspond à la couleur examinée. M. Meslin a fait l'observation en se plaçant sous une incidence presque normale, afin d'éliminer autant que possible la lumière réfléchie par la face antérieure de cette pellicule. D'ailleurs, cette lumière n'interfère pas avec celle réfléchie sur les surfaces d'argent intérieures, car, lorsqu'on augmente l'incidence, les couleurs, au lieu de devenir plus brillantes. pâlissent, par suite de la présence de la lumière blanche, réfléchie en plus grande quantité.

PROCÉDÉS DIVERS

En dehors des procédés que nous avons exposés précédemment, on a proposé un grand nombre de méthodes différentes de photographie en couleurs, mais il n'en est guère qui soient susceptibles de donner des épreuves stables.

Les recherches primitives à ce sujet visaient toujours la découverte d'une matière sensible, susceptible de l'impressionner en diverses couleurs.

Les premières observations relatives à la reproduction directe des couleurs par l'action directe des rayons colorés sur des couches sensibles, paraissent remonter à Seebeck et Herschel [1]. Ce dernier savant avait déjà remarqué (1839) que le papier au chlorure d'argent s'impressionnait nettement en rouge sous l'action des rayons rouges,

---

[1] Athaeneum, 1839, n° 621.
Bibliothèque universelle de Genève, tome XXIII.

que le vert et le bleu s'imprimaient également, quoique d'une façon moins marquée. Hunt (1845) a fait des observations analogues.

Ces expériences ont été reprises par Edmond Becquerel (1848), qui a réussi à obtenir la photographie complète du spectre solaire sur des couches de chlorure d'argent diversement préparées.

Ce physicien n'a pas réussi, toutefois, à fixer les images qu'il avait obtenues ; mais les résultats de ses expériences, bien que fugitifs, n'en conservent pas moins une grande valeur, car la méthode qu'il a employée devait plus tard recevoir une brillante sanction, dans la découverte, par M. Lippmann, d'un procédé général de photographie des couleurs, procédé auquel sont venues se rattacher les expériences de Becquerel.

Les expériences de Becquerel sont décrites en détail dans les *Comptes Rendus de l'Académie des Sciences*, et dans les *Annales de Chimie et de Physique* (t. XXII, p. 451 ; t. XXV, p. 447 ; t. XVII, p. 81). Nous ne pouvons ici que donner un court aperçu des divers procédés qu'il a employés pour la préparation de ses surfaces sensibles. Celles qui lui ont donné les meilleurs résultats ont été obtenues par l'attaque directe d'une lame d'argent bien polie, au moyen des procédés suivants :

1° *Attaque par le chlore gazeux.* La lame d'argent était placée à quelques centimètres au-dessus d'une couche d'eau chlorée. Au bout de quelques minutes, elle prenait une teinte blan-châtre due à la chloruration superficielle. Elle était alors prête à recevoir l'impression lumineuse.

2° *Attaque par l'eau chlorée* — Le procédé qui précède donnait une couche qui manquait d'uniformité. Becquerel obtint des couches plus égales en plongeant rapidement la lame dans l'eau chlorée, puis lavant et séchant. Les résul tats obtenus variaient notablement avec la durée ou le nombre des immersions.

3° *Attaque par le bichlorure de cuivre* — En présence des résultats variables obtenus par les méthodes précédentes, Becquerel a imaginé de chlorurer les plaques en les immergeant dans la solution suivante :

Eau	1 000
Sel marin	300
Sulfate de cuivre	100

Becquerel a réussi à reproduire par contact, à l'aide de ce dernier procédé, des estampes coloriées.

4° Attaque par les hypochlorites. — Becquerel a préparé des plaques en attaquant l'argent par les hypochlorites de soude ou de chaux, mais il ne semble pas avoir donné suite à ce procédé.

5° Attaque électrolytique — Les meilleurs résultats ont été obtenus à l'aide de lames d'argent attaquées par le chlore naissant, sous l'action de la pile électrique.

La plaque, préalablement polie, et vernie au dos, est suspendue à deux fils de cuivre, mis en communication avec le pôle positif d'une pile pour des plaques de 25 centimètres de côté, Becquerel employait deux éléments Bunzen. On la plonge alors dans une solution étendue d'acide chlorhydrique 125 centimètres cubes par litre, dans un vase de 8 à 10 litres, en immergeant immédiatement après une tige de platine mise en communication avec le pôle négatif. On promène cette tige en face les divers points de la plaque, pour égaliser l'action. La lame de plaque prend successivement les cou-

leurs de lames minces ; on commence par obser-
ver une teinte grise, puis des teintes jaunâtres,
violâtres, puis bleuâtres et verdâtres ; elle rede-
vient alors grisâtre, puis rose, puis violette, puis
encore bleue. On arrête l'opération avant ce
second bleu ; on lave à l'eau distillée, et on sèche
à une douce chaleur. La chloruration ne doit pas
durer plus d'une minute.

En intercalant un voltamètre à eau dans le
circuit, Becquerel a reconnu que la plaque
devait fixer de $6^{gr},5$ à $6^{gr},9$ de chlore par déci-
mètre carré, pour donner de bonnes reproductions colorées.

Becquerel estimait que, dans ces conditions
(la densité du chlorure étant supposée 5.27),
l'épaisseur de la couche sensible était de
$0^{mm},00158$ à $0^{mm},00168$.

Becquerel n'a d'abord vu dans ses expériences
que le résultat d'une action purement chimique ;
il supposait que la couche était formée de sous-
chlorure d'argent, et que ce corps était susceptible de s'altérer sous l'influence de la lumière,
en prenant les colorations de la lumière qui le
frappe.

En 1868, Becquerel disait :

« Un faisceau de lumière diffuse qui vient

frapper une image colorée produite par la lumière, renfermant une masse de vibrations différentes, chaque partie de l'image vibrerait de préférence sous l'influence de rayons de même longueur d'onde que ceux qui ont agi pour la produire, et alors les rayons réfléchis par les divers points de cette image se trouveraient identiques à ceux qui lui ont donné naissance. »

Vers la même époque, Zenker donnait une théorie plus précise du phénomène, en supposant l'existence de lames minces de chlorure d'argent, produites dans l'épaisseur de la couche par les ondes stationnaires déterminées par la réflexion à la surface du métal. Zenker avait, en un mot, jeté les bases de la théorie interférentielle.

Les recherches de Becquerel ont été reprises par Testu de Beauregard, Niepce de Saint-Victor, Poitevin, de Saint-Florent, mais sans conduire à des résultats beaucoup plus précis. Les épreuves obtenues par ces divers expérimentateurs ne se conservent, en effet, qu'à l'abri de la lumière.

Niepce de Saint-Victor opérait, comme Becquerel, sur des plaques d'argent. Après chloruration de la plaque, il la plongeait, à la température de 60°, dans le bain ci-dessous :

Eau............................ 100 cc.
Soude caustique.................... 0,5
Chlorure de sodium................. 5

Il lavait ensuite, chauffait la plaque jusqu'à obtenir une teinte violette, puis l'exposait au soleil sous un écran coloré. Après un quart d'heure d'impression, la plaque avait les couleurs de l'écran.

Niepce de Saint-Victor a essayé divers fixateurs pour les glaces ainsi impressionnées : il a réussi à en retarder l'altération par l'emploi de solutions de chlorure de plomb et de dextrine ; mais il n'a pu les fixer au sens exact du mot.

Poitevin a obtenu des images sur papier. Une feuille de papier sensible ordinaire au chlorure d'argent est lavée, puis exposée à la lumière jusqu'à obtention de la teinte violette foncée.

On plonge ensuite cette feuille dans le bain suivant :

Solution saturée de sulfate de cuivre.... 20 cc.
       —   de bichromate de potasse 20 »
       —   de chlorure de potassium à 5 0/0 20 »

La durée du séjour dans ce bain est de quatre à cinq minutes : on peut aussi l'appliquer au pinceau.

Le papier séché est exposé au châssis-presse sous un écran coloré, puis lavé successivement 1° avec de l'eau légèrement acidulée par l'acide chromique; 2° avec une dissolution étendue de bichlorure de mercure; 3° avec une dissolution faible de nitrate de plomb, et enfin à l'eau pure.

Des épreuves conservées à l'abri de la lumière existent encore aujourd'hui.

M. de Saint-Florent (1873) a obtenu également des épreuves sur papier par le procédé qui suit :

Une feuille de papier à grain fin est plongée dans le bain suivant :

Eau..	20 cc.
Nitrate d'argent...........................	20 gr.
Alcool.....................................	100 »
Acide azotique.............................	100 »

On sèche; puis, on plonge dans le bain ci-après:

Acide chlorhydrique........................	50 cc.
Alcool.....................................	50 »
Nitrate d'urane...........................	1 gr.

(On a fait dissoudre dans l'acide chlorhydrique 1 à 2 grammes d'oxyde de zinc.)

On expose le papier à la lumière, au sortir

de ce bain, jusqu'à ce qu'il soit teinté ; on le sèche alors : puis, on recommence les immersions dans les deux bains, on expose de nouveau à la lumière, et on répète cette opération si c'est nécessaire, jusqu'à obtention de la teinte violette intense. Avant que le dernier séchage soit achevé, on plonge le papier dans le bain suivant :

Eau...............................	100 cc.
Nitrate acide de mercure.........	4 à 5 gouttes
Solution saturée de bichromate de potasse.......................	2 cc.
Acide sulfurique................	2 »
Chlorate de potasse.............	1 gr.

On sèche ; puis, on expose à la lumière.

On peut obtenir un fixage partiel en plongeant l'épreuve, dans le bain suivant :

Alcool..............................	100 gr.
Ammoniaque.........................	5 cc.

On la lave ensuite, puis on la plonge dans une solution saturée d'un chlorure alcalin. On lave de nouveau, et on sèche.

TABLE DES MATIÈRES

pages.

La photographie des couleurs.......................... 1

Procédés par impression en couleurs fondamentales : Obtention des clichés...................... 5

Obtention des épreuves........................... 25

Projections en couleurs. Chromoscopes............. 41

Méthode interférentielle.......................... 59

Procédés divers......... 105

Tours. — Imprimerie DESLIS FRÈRES.

7ᵉ année   1896   7ᵉ année

Photo-Revue

JOURNAL DES

PHOTOGRAPHES & DES AMATEURS

UN FRANC PAR AN

La *Photo-Revue* publie en outre un
COMPLÉMENT mensuel, dont le prix est également de

UN FRANC PAR AN

COLLECTIONS ANTÉRIEURES

LA COLLECTION DE LA PHOTO-REVUE ET DE SON COMPLÉMENT d'avril 1893 à avril 1895, fournissant la matière d'un beau volume DE PLUS DE 400 PAGES de texte avec NOMBREUSES GRAVURES, TABLE DES MATIÈRES, TITRE, FAUX-TITRE, COUVERTURE, est vendue et **expédiée partout franco, au prix de CINQ FRANCS.**

Nous tenons à la disposition des personnes qui, ayant déjà un certain nombre de numéros, voudraient compléter la collection, les numéros séparés au prix de **0 fr. 15** chaque.

LA COLLECTION DE LA PHOTO-REVUE ET DE SON COMPLÉMENT d'avril 1895 à avril 1896, soit 24 nᵒˢ, formant la matière DE PRÈS DE 400 PAGES de texte avec NOMBREUSES GRAVURES, TABLE DES MATIÈRES, TITRE, FAUX-TITRE, COUVERTURE, est vendue et **expédiée partout franco, au prix de 3 fr. 50 cent.**

Nous tenons à la disposition des personnes qui, ayant déjà un certain nombre de numéros, voudraient compléter la collection, les numéros séparés au prix de **0 fr. 15** chaque.

Ch. MENDEL, Éditeur, rue d'Assas, PARIS

EXTRAIT DE LA
BIBLIOTHÈQUE PRATIQUE
DES AMATEURS DE PHOTOGRAPHIE

COMPTOIR D'ÉDITION DE Ch. MENDEL
118 et 118 *bis*, rue d'Assas. PARIS

A. FISCH

LA

PHOTOGRAPHIE AU CHARBON

Et ses applications à la Décoration

du Verre, de la Porcelaine, du Métal, du Bois
des Tissus

Ainsi que la production des portraits simili-camaïeux, des Photographies lumineuses, des Lithophanies, des Filigranes, suivie des procédés au bitume de Judée, du Photocalque indélébile en noir et en couleurs, et de divers autres procédés pour la reproduction des dessins.

L'auteur de cet important travail est M. Fisch, le chercheur patient et laborieux à qui sont dus la plupart des procédés de reproduction actuellement en usage.

Dans la première partie, le procédé au charbon est exposé dans ses moindres détails et réduit à sa plus grande simplicité. Les principales applications qui en découlent sont décrites avec la méthode et la clarté qui caractérisent la manière de l'auteur. Il livre dans la deuxième partie les différents procédés qu'il a créés ou perfectionnés pour la reproduction inaltérable des dessins, et en décrit minutieusement les manipulations et les dosages.

Nous donnons un aperçu de la table des matières : Photographie au charbon ; le papier mixtionné, sa qualité : sensibilisation, séchage, insolation : transfert simple ; développement et alunage ; retouche et montage, double transfert : positifs sur verre, tirage des épreuves au charbon, filigranes, lithophanies, montages, etc. Procédé au bitume de Judée, sensibilisation, développement, retouches, procédé rapide au bitume combiné avec l'albumine bichromatée, reproduction en positif des négatifs au trait, photocalque noir, détail du procédé, différents autres procédés de reproductions inaltérables.

Huit reproductions encartées dans l'ouvrage sont tirées directement d'après des planches préparées par l'auteur qui est un praticien dans toute la force du terme.

Un volume de 185 pages. **3 50**

Tours. — Imp. Deslis Frères.